KB141421

미래 의사 마스터플랜

미래 의사 마스터플랜

초판1쇄발행 2022년 5월 5일

지은이	theD마스터플랜연구소(고영리)
발행인	조상현
마케팅	조정빈
편집인	김유진
디자인	김희진

펴낸곳	더디퍼런스
등록번호	제2018-000177호
주소	경기도 고양시 덕양구 큰골길 33-170
문의	02-712-7927
팩스	02-6974-1237
이메일	thedibooks@naver.com
홈페이지	www.thedifference.co.kr

ISBN 979-11-61253-47-3 03370

독자 여러분의 소중한 원고를 기다리고 있으니 많은 투고 바랍니다.

이 책은 저작권법 및 특허법에 따라 보호받는 저작물이므로 무단전재와 무단복제를 금합니다.
파본이나 잘못 만들어진 책은 구입하신 서점에서 바꾸어 드립니다.
책값은 뒤표지에 있습니다.

더스 | 더디 | 더디퍼런스 | 마이북

십대가 되고 싶은 직업 로드맵

미래 의사
마스터플랜

theD마스터플랜연구소 지음

더디퍼런스

미래 의사는 어떻게 일할까?

의사는 희생과 봉사 정신을 기본으로 한 직업이다. 생명과 관련된 일을 하기 때문에 그 어떤 직업보다 '직업 윤리'와 '소명 의식'이 중요하다. 때로는 개인 생활보다 환자를 살리고 돌보는 데 시간을 더 많이 들여야 할 수도 있고 전쟁이나 분쟁 지역에서는 자신의 목숨을 걸어야 할 때도 있다.

의사는 생명을 존중하고 환자의 고통에 공감할 줄 알아야 한다. 응급 상황에서 빠르게 대처하는 판단력도 필요하다. 많은 양의 전문 지식을 익히려면 인내심도 필요하다. 과학에 대한 질문과 탐구, 사고력과 분석 능력도 꼭 필요한 자질이다. 의사는 자신이 의술을 적용하는 대상이 살아 있는 생명임을 잊어서는 안 된다. 때문에 좋은 기술, 많은 지식을 습득하기 이전에 따뜻한 마음과 생명을 사랑하는 심성을 차곡차곡 쌓아야 한다. 그래야 목숨 값을 가벼이 여기지 않는 참되고 좋은 의사가 될 수 있다. 또한 환자와 환자 가족과 소통하는 능력, 다른 의료진과 같이 문제를 해결하는 협동심도 중요한 자질이다.

이 책의 1장에서는 의사가 어떤 직업인지를 먼저 다루었다. 의사가 어떤 일을 하는지, 직업의 성격과 일하는 곳에 대해 살펴본다. 시대에 따라 의사라는 직업이 어떻게 바뀌어 왔는지도 함께 기술했다. 오랫동안 의사라는 직업이 지녀온 가치와 무게, 역할 변화에 대해 알아보자.

2장에서는 의사가 되기 위한 구체적인 방법들을 담았다. 의대에서 어떤 공부를 하는지, 그 공부 끝에 선택할 수 있는 과와 전문의가 되는 순서와 방법이다. 진료 과목에 따라 나뉘어 있는 의사의 범위와 그들이 다루는 분야에 대해서도 다루었다. 또한 한의사, 기타 특수한 의사가 하는 일과 되는 법, 의료 현장에서 일하는 직업군을 폭넓게 알아본다.

3장에서는 의사라는 직업의 장단점을 다루었다. 모든 직업에는 장점과 단점이 존재하는데 이를 보다 명확하게 제시함으로써 의사라는 직업을 객관적으로 바라볼 수 있도록 구성했다. 특히 이 장에서는 의사가 나오는 드라마나 영화를 보여준다. 작품에서 묘사되는 의사들의 여러 모습을 통해 의사라는 직업이 겪는 이야기들을 간접 경험 할 수 있고 실제 사건 등에서 드러난 의사의 부정적 모습들에서는 '의사의 기본 윤리와 마음'을 잊으면 어떻게 되는지 들여다볼 수 있다.

4장에서는 의사라는 직업이 가진 미래 비전을 집중적으로 다루었다. 의사라는 직업이 가진 미래 가치와 미래 의사가 어떤 모습인지를 담아내고 이들 의료인을 돕는 미래의 유망 직업도 덧붙였다.

특히 정보통신기술(ICT)의 융합으로 이뤄지는 4차 산업혁명은 의사라는 직업에도 많은 변화를 가져올 것이다. 4차 산업혁명은 '초연결', '초지능', '초융합'으로 대표되며 인공지능(AI), 사물인터넷(IoT), 가상현실(VR), 로봇, 자율주행 등이 핵심인 시대이다. 이 시기의 의술은 지난 어떤 시기보다 획기적인 발전과 변화를 불러올 것으로 예상된다.

섬세한 기술이 무엇보다 중요한 의술의 경우 기계와 로봇 기술이 발전하면서 그동안 치료하지 못했던 병을 치료하거나 불가능하다고 여겼던 수술이 가능해질 전망이다. 이에 발맞추어 의사 역시 개인 역량을 높여야 한다.

미래에는 코로나 19(COVID 19)와 같이 예상치 못하게 빠른 확산으로 인류를 불안하게 만드는 질병이 더 다양해

질 것으로 예상된다. 하지만 이에 대응하는 의료진의 숫자는 한정적이다. 급격히 늘어나는 질병과 이를 치료하는 한정적 의료진 사이의 간극을 메워주는 것이 기술이다. 때문에 미래 의사는 지금처럼 직접적인 치료와 수술을 하는 것 외에도 발전된 기술을 활용할 수 있어야 한다.

따라서 앞으로 의사는 단순히 의대를 나와 의술을 펼치는 사람이 아니라 발전된 기술을 알고 이를 적용할 수 있는 사람, 의술과 기술을 연결할 수 있는 사람, 의술을 위한 기술을 개발할 수 있는 융합형 인재여야 한다.

하지만 잊지 말아야 할 것은 이런 필요와 급격한 발전 안에서도 의사는 분명 의사라는 점이다. 생명을 다루는 고귀한 직업이고 이를 존중하는 선한 마음이 반드시 기본이 되어야 하는 직업임을 잊지 말아야 한다. 기술 위에 사람이 있고, 그 사람을 살리는 것이 의사임을 명심, 또 명심하는 것이 좋은 의사가 되는 첫 걸음임을 강조하고 싶다.

theD 마스터플랜연구소

차례

1장
의사는
어떤 직업이지?

의사는
누구인가?

의사의 시작

사전에서 정의하는 의사는 '의술과 약으로 환자를 진찰하고 병을 치료하는 것을 직업으로 하는 사람'이다.

의사는 병을 진찰하고 치료하는 의료 행위와 더불어 병에 대해 알리고 지도(보건 지도)하는 역할도 한다. 현재 우리나라에서는 의과대학(6년), 혹은 의학전문대학원(4년)을 졸업하고 의사국가시험을 통과해 의사 면허를 취득하면 의사가 될 수 있다. 이때 의사 면허만 취득한 의사는 '일반의', 국가가 지정한 수련 병원에서 수련의(인턴), 전공의(레지던트) 과정을 거쳐 전문 과목의 자격시험에 합격하면 '전문의'가 된다.

의학과 의술은 오랜 시간을 거쳐 세분화되었다. 현재 우리나라만 해도 약 25가지 전공과목이 있다. 하지만 의사라는 직업이 생기기도 전, 오랜 옛날에는 이런 개념은커녕 의술의 범위도 명확하지 않았다.

최초로 의사가 생겨난 시점에 대해서는 의견이 분분하다.《그리스 로마 신화》에 나오는 인류 최초의 의사는 아폴론의 아들인 아스클레피오스다. 신화에 따르면 아폴론이 한 여인과의 이루어질 수 없는 사랑의 결실로 얻은 아이인 아스클레피오스를 의술이 뛰어난 켄타우로스 케이론에게 맡겼다. 케이론에게 다양한 의술을 배우던 아스클레피오스는 어느 날, 뱀 한 마리가 죽어가는 다른 뱀에게 약초를 물어다주는 것을 보고 본격적인 의술의 길로 들어섰다. 그 뒤, 죽은 사람도 살릴 정도로 뛰어난 의술을 갖추게 되었다고 한다.

하지만 죽음을 관장하는 것은 신의 영역이라 생각한 지하세계의 신 하데스가 분노해 그를 죽였다. 나중에는 약초를 찾는 시초를 마련해준 뱀과 함께 '뱀주인자리'라는 별자리가 되었다는 이야기로 남아 있다. 세계보건기구(WHO)의 문장에는 아스클레피오스 지팡이를 휘감은 뱀이 그려져 있다. 신화 속, 인류 최초의 의사인 아스클레피오스를 상징으로 말이다.

<세계보건기구 문장>

최초의 서양 의사

신화가 아닌 실제로 인류에 의사라는 존재가 나타난 때는 언제일까?

이 부분은 명확하게 기록되어 있지 않아 그 시작을 찾아가기가 어렵다. 다만 인류가 모여 살기 시작한 구석기 시대부터 그 무리 중 아프거나 다친 사람을 치료하는 사람이 꼭 한 명 정도는 있지 않았을까 짐작할 뿐이다.

수렵이나 농경을 하며 함께 살았던 때, 누군가는 짐승에게 물렸을 것이고 누군가는 물에 빠져 정신을 잃었을 것이고 누군가는 뱀이나 벌레에게 물리고 또 누군가는 뼈가 부러지거나 살이 찢겼을 텐데 그때마다 다친 사람을 치료하는 경험이 쌓인 사람들이 분명 존재했을 것이다. 의사라고 부르지 않았을 뿐 이들이 의료 행위를 했을 거라 짐작되는 유물들이 출토되는 것으로 미루어 보아 그 시절에도 '의료 행위'는 분명 있었다.

　의사의 존재를 가장 확실하게 찾을 수 있는 기록은《함무라비 법전》이다. 기원전 18세기에 바빌로니아를 다스렸던 함무라비(B.C. 1810~B.C. 1750) 왕의 기록에서 외과의사의 존재를 찾을 수 있다. 수술에 성공하면 환자의 사회적 신분에 따라 치료비를 차등해서 받을 수 있다거나 수술에 실패하면 의사의 손을 자르고, 만약 죽은 자가 자유인이 아닌 노예일 경우 같은 값의 노예로 배상해야 한다는 기록이 있다. 이로 보아 실제 '돈을 받고 의료 행위를 하는 사람'이 있었던 것을 알 수 있다.

최초의 동양 의사

　서양과 마찬가지로 동양에서도 최초의 의사를 찾기는 쉽지 않다. 다만 역사서나 역사를 바탕으로 쓴 소설에서 그 존재를 유추할 뿐이다. 나관중이 쓴 역사 소설인《삼국지연의》를 통해서도 우리에게 잘 알려진 중국의 촉나라 장수 관우의 일화를 통해 의사의 존재가 그 시대에 있었다는 것을 알 수 있다.

　관우가 양성을 공격하다가 오른쪽 어깨에 독화살을 맞게 되었는데 '천하의 명의'라 불린 화타(?~208?)가 찾아와 수술을 하는 장면이다.

화타가 칼로 관우의 팔을 절개하고 뼈에 퍼진 독을 긁어 내는 수술을 한다. 이때 화타가 일종의 마취 효과를 내는 마비산이라는 약을 써 관우는 수술을 받는 동안 신음 한 번 없이 바둑을 두었다고 한다.

그런데 화타라는 이름을 널리 알린 이 이야기는 사실이 아니다. 화타가 관우를 치료한 시기는 219년이다. 반면 훗날 역사학자들이 밝힌 문헌에 따르면 화타는 208년에 죽었다. 중요한 것은 일찍이 화타라는 명의가 있었고 이미 그 시대에 수술과 마취에 대한 개념이 있었다는 점이다. 무당이 무속 신앙으로 병을 치료하던 시대에 피부를 찢고 꿰매는 행위를 통해 몸을 치료하는 사람이 존재했다는 것이 놀랍다.

또한 화타는 인간의 생명과 건강을 지키는 '양생술'이라는 것을 창안하여 병이나 상처를 사전에 예방해야 한다는 시대에 앞선 개념을 도입했다. 현대 의학과 결을 같이할 정도로 앞서나간 '예방의학'을 실행한 의사로 알려져 있다.

고대 중국의 양생술이 지금 한의학의 시초라고 하는 견해도 있다. 특히 노자는 고대 중국의 사상가이며 도덕이나 지혜로 억지로 누군가를 지배하거나 교육하는 것을 버리고 자연과 함께 하는 것을 주장한 사람이다. 도가(道家)의 시조이며 무위자연(無爲自然)과 무위무욕(無爲無欲)을 주장했다.

《노자(老子)》에 보면 죽지 않거나 오래 사는 것, 즉 불로장생에 대한 개념이 나오는데 이를 위해 건강을 유지하고 병을 예방하려는 시도가 바로 양생이다. '신체'뿐 아니라 '정신'까지도 건강해야 한다는 개념은 지금도 유효하다는 점에서 놀라지 않을 수 없다.

중국에서는 멀리 상고 시대에서부터 춘추전국 시대, 진한 시대에 이르기까지 다양한 방법으로 양생에 대한 연구가 이루어졌다. 특히 중국을 통일한 진시황(B.C. 259~B.C. 210)의 경우 자신의 위치를 굳건하게 다지기 위해 불로장생에 대한 관심을 가지고 신선이 되는 선약을 만드는 데 노력을 기울였다. 이 시기에 중국에서 환약(둥글게 뭉쳐서 만든 약)이 나왔다.

이 모든 것이 화타로부터 시작되었다고 볼 수 있으며 현재까지 남아 있는 한의학에 큰 영향을 준 인물로 '의사의 수호신'으로 불리기도 한다.

우리나라의 첫 번째 의사

우리나라에도 물론 많은 의사가 있었다.

《동의보감》을 통해 가장 많이 알려진 허준은 물론이고 《조선왕조실록》에 기록된 어의들, 민중들을 돌보았던 이름 없는 의원들까지 말이다.

하지만 우리나라 최초 '서양의사'를 꼽는다면 한 사람, 바로 서재필 박사를 들 수 있다.

서재필(1864~1951) 박사는 1884년 갑신정변 이후 미국으로 망명을 했다. 미국으로 망명하기 전에는 조선에서 과거를 준비, 19세 때 알성시(조선시대 비정규 문과·무과 시험)에 합격하기도 했다. 명문가에서 좋은 교육을 받고 성장하면서 김옥균, 박영효, 서광범 등 개화파 인사들과 교류를 했는데 이때 개화사상을 접하면서 일본의 육군학교로 유학, 현대군사훈련을 받고 돌아왔다. 이를 계기로 고종에게 사관학교 설립을 제안했고 결국 조련국(고종 21년에 설치된 임시 사관학교) 사관장에 임명되었다.

하지만 갑신정변에 실패하면서 일본으로 망명을 하고, 이 일로 부모, 형, 아내, 동생, 자식까지 모두 죽게 되면서 다시 미국으로 망명을 했다.

미국 도착 후 낮에는 일을 하고 밤에는 영어 공부를 하던 중 독지가인 홀렌백을 만나 제대로 고등학교 공부부터 다시 할 수 있었다. 고등학교 졸업 후에는 컬럼비아 의과대학(현 조지워싱턴대학교)에서 공부하고 1893년 졸업하면서 한국인 최초로 의사가 되었다. 서재필 박사는 졸업 후 이듬해 워싱턴에 병원을 개업하고, 1886년에 미국 시민권을 취득하면서 최초의 의사이자 최초의 미국 시민권 취득자가 되었다. 이미 가족을 잃고 역적으로 몰린 채 망명을 한 터라 귀국을 할 수 없었기에 선택한 길이었다. 하지만 이후 조선에서 갑오경장이 일어나 개혁이 단행되고, 역적 누명을 벗은 후에 비로소 귀국할 수 있었다. 이후 그는 1896년에 창간한 〈독립신문(영어판 The Independent)〉 발행 및 미주 독립운동을 이끌면서도 종군의사, 모교에서 의술 강의 등을 놓지 않았으며 이후 미국에서 세상을 떠나는 날까지 독립 운동가이자 의사의 길을 걸었다.

보통 의사들이 시술만 하거나 연구만 하는 등 자신의 영역에 집중하는 경우가 많은데 서재필 박사의 경우는 병리학이라는 기초의학을 기본으로 환자를 치료했던 것은 물론, 사람만큼이나 나라를 살리는 것도 중요하다는 신념으로 정치가로도 활약했다. 의사로서 할 수 있는 다방면의 역할을 일찍부터 실행한 선구자인 셈이다.

우리나라의 첫 여성 의사

우리나라의 첫 여성 의사는 박에스더(1877~1910)이다. 박에스더는 이화학당에 입학한 후 1895년 미국 유학을 떠나 의사가 되어 한국으로 돌아왔다.

그는 민간요법과 질병으로 고통받는 여성들을 위해 밤낮을 가리지 않고 환자 진료에 몰두했다. 그가 처음 몸담았던 곳은 평양 광혜여원이었다. 이곳에서 보조 의사로 부임해 의술을 펼치다 서울 보구녀관에서 근무했다.

보구녀관은 1877년에 여성을 위해 설립된 최초의 병원으로, 이화여자대학교 의과대학 부속병원의 전신이다. 그는 이 병원에서 간호원 양성에도 힘썼다. 매년 수천 건씩 진료를 하며 수많은 생명을 구했던 그였지만 폐결핵에 걸려 34세라는 나이로 짧은 생을 마감하고 말았다. 하지만 한국 최초의 여성 의사로서 한국 여성 의학의 시작을 열었다는 데 큰 의미가 있다.

역사 속 의사는 누가 있을까?

1) 의학의 아버지, 히포크라테스

'의학의 아버지'라 불리는 히포크라테스(B.C. 460(?) ~ B.C. 377(?))는 누구나 한 번쯤 들어본 이름일 것이다.

히포크라테스는 기원전 460년에 그리스의 코스 섬(현 터키 남서부 연안 즈음)이라 알려진 곳에서 태어났다. 대대로 의술을 하는 집안이었다고 하는데 족보를 계속 타고 올라가다 보면《그리스 로마 신화》에 나오는 아스클레피오스까지 이어진다고도 전해진다.

당시 의술은 지금처럼 시험에 의해 자격이 주어지는 것이 아니고 가문의 비기(상례에 쓰는 제구)처럼 대대손손 자손에게 지식이 전해지는 형태였기에 나름 기능인으로 인정받고 있었다.

히포크라테스는 모든 질병에는 원인이 있다고 보았다. 그래서 환자의 안색, 호흡하는 상태는 물론이고 소변 맛을 보기도 하면서 병의 원인을 찾으려고 애썼다. 그리고 환자의 증상과 치료법, 예후까지도 기록으로 남겼다. 그가 남긴 기록이 《히포크라테스 전집》으로 출간되었다. 사실 이 책은 히포크라테스가 쓴 논문 60편에 후대 의사들이 글을 덧붙여 쓴 것으로 본다. 오늘날 모든 의과대학에 걸린 '제네바 선언'은 그의 전집에 있는 '히포크라테스 선서'를 바탕으로 한다. 시대에 따라 내용이 조금씩 바뀌었으며, 우리나라는 1948년 제네바 세계의사협회에서 바꾼 선서를 따른다. 선서에는 의사가 지켜야 할 의무, 환자에 대한 자세와 예의, 스승과 동료에 대한 마음가짐 등이 담겨 있다.

히포크라테스 선서

이제 의업에 종사하는 일원으로서 인정받는 이 순간,
나의 생애를 인류 봉사에 바칠 것을 엄숙히 서약하노라.

· 나의 은사에 대하여 존경과 감사를 드리겠노라.

· 나의 양심과 위엄으로써 의술을 베풀겠노라.

· 나의 환자의 건강과 생명을 첫째로 생각하겠노라.

· 나는 환자가 알려준 모든 것에 대해 비밀을 지키겠노라.

· 나는 의업의 고귀한 전통과 명예를 유지하겠노라.

· 나는 동업자를 형제처럼 생각하겠노라.

· 나는 인종, 종교, 국적, 정당관계 또는 사회적 지위 여하를
  초월하여 오직 환자에 대한 나의 의무를 지키겠노라.

· 나는 인간의 생명을 수태된 때로부터 더없이 존중하겠노라.

· 나는 비록 위협을 당할지라도 나의 지식을 인도(人道)에 어
  긋나게 쓰지 않겠노라.

나는 자유 의사로 나의 명예를 걸고 위의 서약을 하노라.

2) 《동의보감》을 쓴 허준

히포크라테스만큼이나 우리에게 익숙한 의사는 아마 허준(1539~1615)일 것이다. 허준은 조선시대 《동의보감》, 《언해구급방》 등을 저술한 의관이자 어의, 의학자였다. 30여 년 동안 궁궐의 의사인 내의원을 지냈고 지금도 한의학의

기본이 되는《동의보감》의 저자로 유명하다.

《동의보감》은 종합 임상의서로, 14년간의 집필 기간을 거친 책이다. 책 집필 기간 동안 정유재란 등을 겪고 유배 생활이라는 고난이 있었지만 오히려 유배지에서 책의 절반 이상을 완성했다고 한다. 명나라에서 들여온 의학과 우리나라 사람들의 체질 사이에서 오는 차이와 오류를 바로잡고 약의 효능과 적절한 분량을 기록하는 데 중점을 두었다.

《동의보감》이 가장 유명하기는 하지만 일상생활에 요긴하게 쓰일 수 있는 의서인《언해태산집요》,《언해구급방》,《언해두창집요》등도 중요한 업적이다. 지금으로 보면 일종의 소아과 전문 책인데 임신과 출산, 응급 상황 등에 대한 대처, 소아 전염병 등에 대한 의학적인 사실이 담긴 책이다.

《신찬벽온방》,《벽역신방》등을 통해서는 전염병에 대한 대책을 기술했고《찬도방론맥결집성》이라는 학습용 의학 교재를 저술하기도 했다.

실제로 의술 활동을 하면서 수많은 저서를 남긴 덕에 허준은 전통 의학의 표본을 만든 사람으로 인정받고 있다. 우리나라뿐 아니라 중국과 일본에서도 출간되었고《벽역신방》에 기술된 성홍열은 세계질병사의 역사에도 한 획을 그은 것으로 인정받고 있다. 세계적으로 성홍열 환자에 대한

그룹 연구를 실시한 예가 없을뿐더러 동아시아 최초의 연구이기 때문이다.

3) 의사의 정신, 슈바이처

봉사와 헌신의 의사로 유명한 사람은 바로 알베르트 슈바이처(1875~1965)다. 슈바이처는 아프리카 가봉에서 원주민을 위해 의료 봉사를 한 의사로 노벨평화상을 수상한 '아프리카 원시림의 성자'였다.

원래 신학과 철학을 전공했던 그는 서른 살 이후에는 봉사하는 삶을 살겠다고 결심하고 스스로 한 약속대로 서른 살 생일에 아프리카로 떠났다. 이후 아프리카에서 봉사를 하기 위해 가장 좋은 방법을 찾다가 의사가 되기로 결심한다. 실제로 의학 공부를 시작한 후 1913년 간호사인 아내와 함께 아프리카로 떠났다.

제대로 된 의료 혜택을 받지 못했던 아프리카 사람들 사이에서 슈바이처는 마치 마술을 행하는 사람처럼 추앙받았고, 먼 곳에서 오는 환자들로 연일 바쁠 수밖에 없었다. 강연과 연주회를 열어 병원을 확장하는 돈을 모으고, 낮에는 진료를 밤에는 병원 건물을 지으며 봉사한 지 60년. 한결같이 아프리카에서 가난하고 병든 사람들을 돌보았던 그는 노벨평화상을 받았고 봉사와 헌신의 대명사로 우리에게 남아 있다.

4) 환영받지 못한 의사들

의사가 언제나 환영을 받았던 것은 아니다.

중세 시대에는 손으로 하는 모든 일을 천대했다. 때문에 '손'과 '칼'을 쓸 줄 아는 사람이 수술을 하는 외과의사 역할을 했다. 가장 대표적인 사람이 이발사이다. 당시에는 이발사가 수술을 하는 게 자연스러웠으며 도제 교육*으로 명맥이 이어졌다.

당시만 해도 수술이라고 하면 피부에 생긴 종기를 칼로 째서 없애거나 화살, 총알 등을 뽑아내는 것 또는 썩어가는 신체 부위를 잘라내는 것이 전부였기 때문에 가능한 일이었다. 19세기 중반까지 마취라는 개념이 없어 술이나 환각 작용이 있는 식물을 사용해 정신을 혼미하게 한 후 치료를 했다고 한다.

당시에도 의사로서 대우를 받았던 내과의사와 달리 천한 취급을 받았던 외과의사의 위상이 올라간 것은 16세기 이후 전쟁이 빈번하게 일어나 수술이 필요한 부상자가 늘어

---

* 전문 기술자인 스승이 초보인 도제(제자)를 일대일로 가르치는 교육 제도이다.

나면서부터다.

프랑스의 조르주 마레샬은 1731년 왕의 승인을 받아 '왕립외과아카데미'를 만들었고, 이후 1776년 '왕립내과의사회'와 통합, 1820년 프랑스 국립의학아카데미의 시초를 만들었다.

이후 혈액형이 발견되면서 안전한 수혈이 이뤄지고, 마취에 대한 개념이 생겨났으며 항균제와 항생제가 발견되면서 외과의 위상이 점차 높아졌다.

오히려 현재는 의사들이 다양하게 발전한 의료기의 도움을 받아 예전에는 상상도 할 수 없었던 장기 이식, 뼈 이식 수술을 할 수 있게 되었다.

중세 시대만 해도 존중받지 못했던 외과는 정밀한 기계들의 발전과 개발에 힘입어 나노의사, 로봇의사로 가는 길을 열어주는 문이 되고 있다.

우리나라의 유명 의사들

1) 장기려(1911~1995)

장기려 박사는 '한국의 슈바이처'라고 불린다. 경성의학전문학교를 졸업하고 평양의과대학과 김일성 종합대학 교수를 지내던 중 한국 전쟁 때 가족들을 북에 두고 월남했다.

이후 북에 두고 온 가족들을 그리워하며 자신이 누군가

를 도우면 다른 누군가도 북에 있는 가족들을 도와줄 거라는 믿음으로 의료 봉사를 시작했다.

의술 또한 뛰어나서 우리나라 최초로 간 절제 수술에 성공했고, 1959년에는 간 대량절제 수술에 성공한 후 그 결과를 학술대회에서 발표하기도 했다. 이후 한국 최초의 의료보험조합인 '청십자의료보험조합'을 설립(1968년)하는 등 공공의료에서 중요한 역할을 했다. 아픈 사람은 공평하게 치료해야 한다는 신념으로 돈이 없는 환자를 치료하고 몰래 병원 문을 열어 도망가게 해줬다는 일화가 있을 정도로 남녀노소, 부자와 가난한 자를 가리지 않고 동등한 의술을 펼쳤다고 한다.

수술비가 없는 환자는 사비를 들여서라도 수술을 해줄 정도로 환자에게는 진심이었지만 정작 자신은 집 한 채 없이 병원 옥상에서 살다 세상을 떠나는 날까지 의술을 베풀었다.

2) 신정식(1924~1994)

신정식 박사는 소록도의 병원장을 지낸 의사다.

소록도는 고운 자연 풍광으로 사람들이 찾는 지금과 달리 70년대에는 한센병에 걸린 사람들을 모아놓은 외진 곳이었다.

소록도병원은 1962년, 오스트리아 출신 두 수녀 간호사인 마리안나와 마가렛으로부터 시작됐다. 이후 1974년 당시 안과 의원을 운영하던 신정식 박사가 소록도로 들어갔고 이후 12년간 소록도병원에서 원장으로 재직했다. 원장에서 퇴임한 뒤에도 한센인 마을에 무료 진료를 다녔으며 죽을 때까지 소록도 한센인들을 위해 의술을 펼쳤다.

그와 함께했던 수많은 의료진의 노력으로 소록도병원은 점점 규모를 갖추어 갔다. 지금은 한센인에 대한 의식이 많이 개선되었다.

의사가
하는 일

의사가 하는 일의 범위

의사가 하는 첫 번째 일은 바로 병의 원인을 찾는 것이다.

환자 상태를 살피고 생활 습관 등을 고려하여 병이 시작된 원인을 찾아내는 일이다. 원인을 찾은 다음 이를 해결하기 위한 치료법을 제시한다. 치료에는 약물, 수술, 재활 운동 등 다양한 방법이 활용되며 환자 상태에 따라 어떤 치료를 선택하는지를 결정한다.

의사가 하는 두 번째 일은 바로 예방이다.

질병은 발견하고 치료하는 것도 중요하지만 예방이 무엇보다 중요한데 의사는 질병의 발견과 치료 외에 예방에 대한 것을 환자에게 조언해야 한다.

의학 실험, 신약의 활용 등도 여기에 해당될 수 있으며 약물을 활용하는 것 외에 환자에게 적절한 생활 습관, 운동 등을 제안하는 것도 의사가 하는 일이다.

의료 종사자

의료 행위를 하는 모든 사람을 넓은 의미에서 '의료종사자' 또는 '보건의료진'이라 한다. 보통은 '서양식 의학'에 종사하는 사람을 말하지만 더 넓은 의미에서는 전통의학이나 대체의학으로 의료 행위를 하는 사람도 의료종사자에 포함된다.

의사는 물론 한의사, 임상병리사, 방사선사, 간호사, 물리치료사, 작업치료사, 치과위생사, 기공사, 심리학자, 약사 및 보건의료정보관리사까지도 의료종사자에 포함될 수 있다.

의료종사자는 병원뿐 아니라 진료소, 시술소, 의원 혹은 연구소에서 근무할 수 있으며 질병, 장애, 치료 및 예방과 처치에 대한 전문적인 기술과 지식이 있어야 한다. 당연히 면허와 자격이 필요하다.

대한민국 의료법(의료법 제2조 의료인)에 따르면 의료인이란 보건복지부장관의 면허를 받은 의사, 치과의사, 한의사, 간호사, 조산사를 포함한다. 보건의료법(보건의료 기본법 제3조)에서도 '보건의료인'은 '보건의료 관계 법령에서 정하는 바에 따라 자격·면허 등을 취득하거나 보건의료서비스에 종사하는 것이 허용된 자'로 규정하고 있다. 즉 면허와 자격이 반드시 필요하기 때문에 의료인이 아니면 의료 행위를 해서는 안 된다. 또한 의료인일지라도 본인의 면허 외에 다른 의료 행위는 할 수 없다. 이 역시 의료법 제27조에 무면허 의료 행위 금지 조항에 명시되어 있다.

위에 언급한 의료인 외에 의료기사 역시 의료 종사자에 속하는데 의료기사는 임상병리사, 방사선사, 작업치료사, 치과기공사, 치과위생사, 물리치료사를 말한다. 의료기사법에 의하면 의료기사의 업무 역시 해당 범위의 자격증이 없으면 할 수가 없다. 안경사의 경우 역시 넓은 의미에서 의료기사에 속한다. 때문에 안경사가 아니면 안경을 만들거나 판매할 수 없다.

우리가 의사와 더불어 가장 익숙하게 알고 있는 간호사는 위에서 말한 것처럼 의료인에 속한다. 환자의 관찰, 간호 판단, 환자의 병세에 대한 자료 수집, 요양을 위한 간호 외에 간호조무사의 지도까지 모두 간호사의 역할이다.

간호사 역시 간호학사를 받을 수 있는 4년제 대학교나 전문대학을 졸업하고 국가고시에 합격하면 면허가 주어진다. 간호조무사는 의사 및 간호사의 업무 지도를 통해 보건 활동을 보조하는 직업으로 의료인인 간호사와는 다르지만 간호조무사 역시 국가자격시험을 거쳐 자격증을 받아야 한다.

의료인 직업의 세계

1) 의사

우리가 의사라고 부르는 임상 의사는 병원에서 환자를 진단하고 치료하는 사람이다. 필요에 따라서는 물리적인 수술과 처치를 하고 약을 처방한다.

대학에서 전공 학위를 받고 졸업하면 일반의, 종합병원에서 수련의(인턴), 전공의(레지던트), 전임의(펠로우) 과정을 거친 후 전문의 시험에 합격하면 전문의가 될 수 있다.

병원에 취직해서 월급을 받으면 봉직의, 스스로 병원을 차려서 환자를 보면 개업의라고 한다.

2) 제약의사

제약의사는 비교적 근래에 소개된 의사이다. 1967년 미국의 제약회사 업존(UPJOHN)이 처음 도입한 개념이다. 제약회사의 직원들이 약품을 이해해서 판매하는 전문성이 부족하다는 것을 깨닫고 영업사원을 교육, 의사 학위를 받도록 한 것이 시작이다.

이후 1980년대 후반부터는 아예 과학 분야 박사학위 소지자나 의사 자격을 갖춘 사람들이 제약의사로 활동을 하고 있으며 제약회사에서 만든 약품이나 장비를 현장에 있는 의료인들에게 정확하게 전달하는 역할을 한다. 반대로 의료 현장에 필요로 하는 의약품과 장비를 파악해서 제약 회사에 전달, 제품을 개발하도록 하기도 한다.

또한 제약회사(또는 의료기 회사)와 현장의 의사들 양쪽 입장을 모두 파악하고 있는 것을 토대로 전문 연구를 직접 수행하기도 한다. 해외에서는 제약회사 소속으로 일하는 제약의사보다는 독립적으로 일하는 의사가 훨씬 많다.

3) 약사

진료와 처방을 의사가 한다면 이에 맞는 약을 조제해서 환자에게 전해주는 일은 약사가 한다.

약사는 의사가 내린 처방전에 따라 약을 처방하고 투약 방법을 알려주는 역할을 한다. 또한 처방전이 필요 없는 약품은 약사가 판단하여 환자에게 제공할 수도 있다. 약사가 임의로 약을 조제할 수 없으며 직접 판매가 가능한 약을 환자에게 제안할 수는 있다. 종합병원에도 소속되어 있는 약사가 있는데 종합병원의 약사는 복용하는 약뿐 아니라 주사제나 영양제, 치료제 등을 조제한다. 이 외에도 식약청이나 제약회사 등에서 근무하는 경우도 있다.

약사가 되려면 전공에 상관없이 학부나 학과에 입학해서 기초 과정 2년을 마치고, 4년간 약학 전공이나 실무 교육과정을 이수해야 한다. 이때 기초 과정 동안에는 생물학,

일반화학, 유기화학, 물리학 등 약학 관련 선수과목을 이수해야 한다.

이후 약학대학입문시험(PEET)에 응시가 가능하고 여기에 합격해야만 약학대학에 들어갈 수 있다.

약학대학 졸업 후에는 국가면허시험에 합격해야 비로소 약사가 될 수 있다. 약사는 의사와 달리 처방은 할 수 없고 약에 대한 설명과 복약지도는 할 수 있다. 또한 의사가 처방한 약이 없거나 환자와 맞지 않을 때 이에 대한 사실을 환자에게 알려주고 의사에게 요구할 수 있도록 도움을 주기도 한다.

제약회사에서 일하는 약사는 질병의 예방, 진단과 치료를 위해 새로운 의약품을 연구하고 개발하는 일을 한다. 약품의 효능과 부작용에 대한 연구이기 때문에 의사, 환자와 긴밀한 관련성이 있다. 필요에 따라서는 의사와 함께 환자 임상을 진행하기도 한다.

4) 간호사, 간호조무사, 간호정보전문가

간호사는 3년 또는 4년제 간호학과를 졸업하고 국가에서 시행하는 간호사 시험에 합격하여 간호사 면허증을 취득한 전문 의료인이다.

병원에서 의사 및 전문 인력과 협력하여 환자 치료를 하는 직업이며 의사가 없을 경우 비상조치를 취할 수 있는 자격이 있다.

간호사 면허를 받으면 병원 외에 다양한 분야에서 일할 수 있다. 간호사 면허증을 획득 후 공무원 시험에 합격하면 전국 보건소, 보건복지부나 식품의약안전처 같은 정부기관에서 보건직 공무원으로 근무가 가능하다. 또 교원임용고시에 합격하면 학교에서 보건교사로 근무할 수 있고 그 밖에도 국군병원의 간호장교, 기업에서 근무하며 보건교육과 근로자 건강관리를 하는 직업을 선택할 수 있다.

산후조리원, 복지관 및 요양원에서 근무도 가능하며 해외 취업 및 의료 관련 업체와 보험회사 등에서도 간호사 자격증을 가진 사람들을 찾는다.

2000년부터는 전문간호사 제도가 시행되었는데 '전문간호사(Advanced Practice Nurse, APN)' 의료법에 의해 감염관리, 노인, 마취, 가정, 산업, 아동, 보건, 임상, 응급, 종양, 중환자, 정신, 호스피스 13개 분야를 인정하고 있다. 전문간호사 자격을 취득하려면 먼저 최근 10년 이내에 해당 분야에서 3년 이상 근무한 경험이 있어야 한다. 대학원 수준의 전문 교육기관에서 해당 과정을 이수해야 한다. 혹은 외국에서 해당 분야의 전문 간호사 자격이 있으면 시험에 응할 수 있다.

1960년대부터 취업, 이민 등으로 외국에 나가는 간호사가 늘었다. 국내 간호 인력을 확보하기 위해 간호조무사를 배출하기 시작했다. 초기에는 중학교 졸업 이상 학력이면 짧은 기간 간호 교육을 마치고 간호보조원이 될 수 있었다. 1985년에는 고등학교 졸업 이상으로 자격 기준을 높이고, 1988년에는 간호조무사로 이름을 바꾸었다. 특성화고등학교의 간호 관련 학과 졸업(예정)자, 고등학교 졸업(예정)자 혹은 그와 동등한 학력 인정을 받은 사람 중 국공립 간호조무사양성소에서 교육을 이수하면 간호조무사가 될 수 있다. 혹은 고등학교 교과과정에 해당하는 간호 관련 학과를 졸업(예정)한 사람이나 고등학교 졸업학력을 인정받고 '학원의 설립, 운영 및 과외교습에 관한 법률 시행령'에 따른 학원의 간호조무사 교습과정을 이수한 후에 해당 교육 기관에서 740시간 이상의 학교 교육을 받고 780시간의 실습(이 중 종합병원 혹은 병원에서의 실습 시간이 400시간 이상 포함되어야 한다)을 받으면 간호조무사 자격시험 응시를 할 수 있다.

간호정보전문가는 의료장비 기술의 발달과 함께 나타난 의료인이다. 간호업무와 정보학 지식이 합쳐진 분야로 컴퓨터 진료시스템을 설계하고 개발해서 각종 의료 데이터의 수집과 활용을 용이하게 함으로 더 나은 간호 서비스를 꾀

하도록 한다. 간호정보전문가가 되기 위해서는 간호학 전공 후 간호사 자격증을 취득하고 실무 경험을 먼저 쌓아야 한다. 이와 더불어 정보과학, 정보학, 컴퓨터 과학 분야에서 석사 이상의 정규 교육과정을 이수해야 한다.

5) 의료 일러스트레이터

의료 일러스트레이터의 시초는 원래 의사들이었다. 자신의 환자들을 치료한 결과를 그림으로 남기거나 해부도를 일러스트로 남겼다. 레오나르도 다빈치의 경우 지금 봐도 상당히 정교한 수준의 인체도를 그렸다.

의료 관련 일러스트레이터가 정식 직업으로 자리 잡은 것은 미국의 존 홉킨스 의대에 맥스 브뢰들이라는 사람이 의료 일러스트레이터로 고용된 뒤부터다. 의료 일러스트레이터는 의료 관련 영상이나 그림 자료를 만드는 사람으로 각종 의학 관련 정보를 그림으로 표현한다. 사진과 영상이 발달한 시대지만 각종 시뮬레이션과 교육을 위한 동영상, 학술지의 자료, 광고 및 의학 교재에는 여전히 일러스트가 필요하기 때문에 수요는 꾸준하다. 현재는 2D뿐 아니라 3D로도 많이 작업하고 있다.

의료 사진학, 의료 일러스트레이션, 그래픽 디자인, 일러스트레이션 분야의 학사 자격이 요구되며 고령화 시대, 각종 의료 및 제약 분야의 연구 및 일반인을 위한 시각 자료 등 수요가 많아지면서 의료 일러스트레이터의 업무 범위는 더 늘어날 전망이다.

6) 세포검사기사

세포검사기사는 임상병리학의 한 분야에서 파생된 의료인으로 세포 검사만을 전문적으로 담당한다. 암이나 호르몬, 혹은 질병에 있어 병리적인 증거를 찾기 위해 세포를 채취해서 분석한다.

특히 알 수 없는 바이러스나 박테리아의 발견 및 진단, 치료에는 세포검사기사의 역할이 결정적일 수 있다. 인간 세포에 대한 연구는 여전히 남아 있는 미지의 영역이 많기 때문에 앞으로의 전망도 밝은 편이다.

7) 유전상담사

유전상담사는 유전적으로 미리 대비해야 하는 질환을 미리 발견하고 대비하는 역할을 한다. 유전상담사의 역할이 커진 것은 임산부의 양수검사를 통해 태아가 혹시 가지고 있을지도 모를 선천적 질병을 찾아내는 것이 보편화 되면서부터이다. 유전상담의 경우 단순 검사로 끝나는 것이 아니라 환자 및 가족과 여러 차례 대화하고 검사를 진행하면서 가족들이 가지고 있는 병력까지도 모두 살펴야 하기 때문에 시간이 오래 걸린다.

환자와 그 가족까지 폭넓게 관리해야 하는 상담사의 특성상 전문 인력을 양성, 유전상담을 전담하도록 하고 있다. 유전상담사가 되려면 대학교에서 생명과학, 보건의료 혹은 생물학, 심리학 등을 공부하고 대학원에서 유전상담학을 공부해야 한다. 직접적으로 환자를 치료하지는 않지만 유전 질환, 희귀 질환에 대한 관심이 높아지면서 이 역시도 의료인의 범주에 들어오고 있다.

8) 검시관

검시관은 누군가가 죽었을 때 언제, 왜 죽었는지, 어떻게 죽었는지를 알기 위해 시체를 조사하는 사람이다. 범죄 현장이 있을 경우 주변 환경이 시신의 변화에 끼친 영향까지 고려하기 위해 해당 현장을 조사하기도 한다. 시신이 말해주는 사건의 증거를 모으고 이를 통해 범죄 여부를 밝혀내는 역할을 하는 것인데 보통 경찰이나 과학수사요원과 함께 일을 진행한다.

정식 명칭은 검시조사관이다. 검시관이 되기 위해서는 임상병리사 면허가 있어야 한다. 간호학, 임상병리학, 생물학, 생화학, 수의학, 유전공학, 화학, 생명공학 등 8개 분야

중 하나를 전공해야 하며 의사와 간호사 면허를 가지고 검시관을 하는 경우도 많다.

대부분 자연사, 병사를 한 경우보다는 살해, 자살, 변사 등 그 원인을 밝혀야 하는 시신을 많이 마주하기 때문에 전문적인 의료지식은 물론이고 범죄에 대한 지식, 범죄자의 심리에 대한 지식까지 다양한 지식을 필요로 한다. 주로 지방경찰청에 소속되어 활동하며 국립과학수사연구원 등에서도 검시관을 채용한다. 현재 우리나라는 범죄나 사고는 늘어나는 반면 검시관은 턱없이 부족한 데다 이 분야는 로봇이나 인공지능이 대체하기 힘든 분야이기 때문에 의료적 지식과 법의학적인 지식을 함께 겸비한 검시관이 더 필요한 실정이다.

9) 법의학자

법의학자는 경찰의 범죄수사에 참여해서 죽은 이유와 경위를 밝히는 사람이다. 법의관이라고도 한다. 각종 위법사항을 의학적으로 밝혀내는 사람이라고 볼 수 있다. 반드시 의사 자격증이 있어야 하며 의사 자격증 취득 후에 해부병리(혹은 진단병리) 레지던트 과정을 수료하고 해부병리 전문의 자격증까지 받아야 한다. 이후에 일정기간 동안 법의학 수련과정을 거쳐야 비로소 법의학자의 자격이 주어진다. 즉 6년간 의대 교육, 5년간 전공의 수련 후 1~2년간 실무경력을 쌓아야 비로소 법의학자로 일을 할 수 있게 된다.

현재 우리나라는 별도로 법의학과는 없고 의과대학에 소속되어 법의학 분야를 배우게 된다. 각 의대에 마련된 법의학교실이나 국립과학수사연구원의 중앙법의학센터에서 법의학 훈련을 받을 수 있다.

의사라는
직업의 성격

의사의 능력과 전문성

1) 판단력

의사는 판단력이 정확해야 한다.

의사의 판단에 따라 환자의 생사가 오간다. 그렇기 때문에 의사라는 직업인에게 정확한 판단력은 무엇보다 중요하다. 가끔 뉴스에서 보면 길에서 갑자기 쓰러진 사람이 숨을 쉬지 못했는데 마침 근처에 있던 의사가 빠르게 판단, 응급 처치로 그 사람을 살렸다는 류의 기사를 볼 때가 있다. 자신의 의학 지식으로 현상을 판단하고 정확하게 진단, 해결법을 실행하는 것이 의사에게 꼭 필요한 자질이다.

의학은 날이 갈수록 발전하고 수술 방법이나 도구, 의약품도 매 순간 새로운 것이 나오기 때문에 이를 유연하게 받아들이고 정확하게 시술, 처방할 수 있도록 꾸준히 공부하는 것도 의사가 하는 일인데 이 역시 정확한 판단력을 높이기 위한 노력이다.

2) 연결하는 능력

각자의 분야가 존재하기는 하지만 의사에게 있어 연결하는 능력은 빼놓을 수 없는 자질이다.

병이라는 것은 한 가지 이유로 그 부위에만 발생하는 것이 아니다. 복합적으로 발생할 수도 있고 치료 역시 다양한 방법으로 시도해야 할 수도 있다. 또한 수술과 회복, 재활이 각각 다른 부서 담당으로 이뤄지기도 한다.

예를 들어 운동선수들이 근육이 다쳐 수술을 할 경우 첫 번째로는 외과에서 물리적 수술을 하게 되지만 근육과 더불어 신경이 눌리거나 다쳤을 경우는 신경외과에서 협진을 한다. 이후 재활은 물리치료 분야에서 하게 되는데 증상마다 조금씩 다르기는 하지만 각 과에서 필요에 따라 서로 연결, 협진을 진행하게 된다.

때문에 의사는 자신의 전공 분야뿐 아니라 연계할 수 있는 분야에 대한 관심과 지식을 갖추어야 한다. 환자에게 가장 최선의 것을 제공하기 위해 수많은 다양성을 검토해야 하기 때문이다.

3) 진단과 처방

의사가 하는 일 중 가장 첫 번째는 진단이다. 환자의 생활방식과 가족력, 그리고 환경 변화를 면밀하게 살펴 질병의 원인을 파악하고 이에 적절한 처방을 내리는 것이 의사가 하는 일이다.

의사는 다양한 질병에 대한 이해와 치료 방법, 치료 후 나타날 수 있는 증상과 후유증 등을 모두 알고 있어야 종합적인 대응이 가능하다. 따라서 현존하는 질병에 대한 것은 물론 발생 가능성이 있는 것까지 종합적으로 알고 있어야 한다.

각 분야에서 개최되는 세미나를 통해 새롭게 등장하는 질병과 치료법, 수술법 등을 공부하고 자신의 분야에 적용할 수 있는 방법을 찾는 것도 의사가 해야 하는 일 중 하나이다.

최근에는 신약이 개발되면 제약사에서 학술 콘텐츠를 먼저 발행하거나 자사의 약 효과를 증명해줄 논문을 찾은 후 비대면으로 의사에게 제공하는 경우도 많아졌다. 매번 새로운 의학 자료를 찾기 힘든 의사들은 이런 기회를 통해 신기술을 만나보기도 한다.

또한 웨비나(웹 방식 세미나)를 통해 시간, 장소에 구애받지 않고 새로 개발된 약이나 치료법, 신종 질병에 대한 정보를 얻기도 한다.

4) 처치와 수술

처치와 수술은 의사만이 할 수 있는 고유 영역의 업무이다. 의사의 숙련도와 전문성에 따라 수술 경과가 달라질 수 있다. 때문에 의사들은 자신만의 치열한 노력과 막대한 시간 투자를 통해 수술법을 개발하기도 하며 경험을 쌓는다.

수술과 처치는 경험과 지식도 중요하지만 의사 자신의 몸 상태도 무척 중요하다. 긴 시간을 요하는 수술의 경우 최대 열 몇 시간까지 꼬박 집중해야 하는 까닭이다. 때문에 안타까운 일이지만 수술이 빈번한 외과(정형외과, 흉부외과 등) 의사를 택하는 사람들이 점점 줄어들고 있다.

2020년 대한흉부심장혈관외과학회에서 조사한 바에 따르면[•] 전국 종합병원 및 상급종합병원의 흉부외과 전문의 327명을 대상으로 한 설문조사에서 '흉부외과 전공의가 한 명도 없다.'라고 대답한 비율이 48.9%에 달한다고 한다. 우리나라 의료법상 흉부외과 레지던트의 수련 기간이 4년인데 한 명도 병원에 없다는 건 최근 4년 동안 지원자가 없다

• 〈신동아 건강〉, 2020년 10월 28일 기사 참조

는 의미와도 같기 때문에 외과의가 얼마나 부족한지 그 심각성을 알 수 있다. 당연히 남아 있는 의사들은 과도한 업무를 하게 되고 이는 곧 환자의 처치와 수술에도 영향을 주게 된다.

특히 외과 수술은 협진과 고도의 기술이 고루 필요하다. 전문의뿐만 아니라 마취과, 간호사 및 각종 최첨단 기기를 전문으로 다루는 장비 기사까지 수술에 수십 명 투입되는 경우도 허다하다. 최근에는 로봇을 이용한 수술이 시도되기도 하지만 그럼에도 불구하고 처치와 수술이라는 의사 고유의 영역은 여전하기 때문에 사명감을 가지고 도전해야 하는 부분이다.

의사가 하는 특별한 일
1) 미확인 질병을 찾다

의사들은 항상 다양한 환자를 가장 먼저 마주하는 자리에 있다.

때문에 신종 질병을 의사가 발견하는 경우가 많은데 세계보건기구는 이러한 질병을 '질병X'라고 부른다. '질병X'는 과학자나 공중보건 전문가들의 입장에서 세계적으로 심각한 질병으로 이어질 가능성을 가진 질병인데 의사는 이러한 질병의 징후를 관찰하고 찾는 일 역시 하고 있다.

1976년 에볼라 바이러스의 발견에 일조하고 이후 새로운 균을 찾는 데 앞장섰던 자크 무엠베 탐펌은 새로운 병원균을 찾는 데 매진하며 이를 빨리 찾아서 치료법을 만드는 것이 인류가 건강하게 살 수 있는 방법 중 하나라고 말했다.

그러기 위해서는 질병 진단의 가장 최전선에 서 있는 의사들의 협조가 반드시 필요한데 그들의 역할이 새로 발생하는 질병의 초기 경보 시스템과 같은 일을 하기 때문이다.

다만 여기서 한 가지 일반 사람들과 의사가 생각하는 질병에 대한 정의가 다를 수는 있다. 우리는 보통 몸이 불편하면 그게 곧 질병이라고 생각한다. 하지만 의사는 질병과 증상은 다르다고 생각한다. 우리가 잠을 못 자거나 허리가 아프거나 다리가 쑤시는 건 아프기 때문에 병이라고 생각하지만, 의사는 이런 증상들이 실제로 병균이나 외부적인 힘에 의해 나타난 것이 아니면 치료를 요하는 질병이 아닐 수 있다고 판단한다.

때문에 미확인 질병 역시 환자가 느껴지는 통증에 의해 판단하는 것이 아니라 병의 징후에 영향을 주는 매개체를 찾고 질병으로 인한 결과(장애나 사망 등)를 중심으로 생각하는 경우가 더 많다.

2) 바이러스를 찾다

세계보건기구의 전략기술자문 의장인 데이비드 헤이먼 교수는, "백신들이 미국과 영국에서 출시되기 시작하더라도, 바이러스의 '운명'은 '주기적으로 유행하는 감염병이 될 것"이라고 말한 바 있다. 그는 2020년 마지막 언론 브리핑에서 이와 같이 말하며 현재 전 세계를 강타하고 있는 코로나 19 바이러스가 주기적으로 유행하는 감염병이 될 것이고 결국 바이러스의 변화에 대응해야 하는 방법을 찾아야 한다고 했다.

바이러스를 발견하고 이를 예방, 치료하는 백신을 개발하는 것 역시 의료의 한 분야이다. 의사가 아닌 연구자들이 이 부분을 담당하고 있기만 현실적으로 환자에게 백신을 투여하고 경과를 지켜봐야 하는 의료인은 의사이다. 앞에서 말한 질병X와 같이 신종 바이러스 역시 첫 발생과 그로 인한 징후를 살피는 것은 의사의 역할이기 때문에 의사는 바이러스의 발생과 치료에 전반적으로 관여하고 있다고 볼 수 있다.

역사적으로 의사이자 의학연구자들이 감염병을 발견한 사례는 여러 개 있다.

먼저 버룩 바루크 블럼버그(1925~2011)는 미국의 연구의사로 오스트레일리아 원주민의 혈청에서 B형 바이러스를 발견한 것으로 1976년 노벨 생리학·의학상을 받았다. 칼턴 가이두섹은 의사이자 의학 연구자로 뉴기니 원주민들에게서 나타나는 질병인 '쿠루'의 감염성 특징을 찾아냈다. 쿠루의 경우 열이나 염증이 없이 뇌에 손상을 일으키는 병으로 그동안에는 질병이라는 특징이 없어 치료법도 찾을 수 없었다. 이에 칼턴은 이 병의 증상을 분석하고 뉴기니 원주민들의 생활 방식을 관찰함으로써 질병을 막을 방법을 찾을 수 있었다.

우리에게 익숙한 질병인 당뇨와 인슐린의 관계를 밝힌 사람도 의사였다. 프레더릭 그랜트 밴팅은 캐나다의 내과 의사였는데 영국의 생리학자인 존 제임스 리처드 매클라우드와 함께 인슐린을 발견한 것으로 노벨상을 받았다.

이미 당뇨병은 1세기경 셀수스와 아레테우스라는 두 박사의 저서를 통해 알려진 바 있으나 그 이후 긴 시간이 지나는 동안 질병의 원인과 치료법을 알아내지 못한 불치병이었다.

17세기에 들어서야 당뇨 증상인 갈증, 체중 손실, 잦은 소변, 손발 떨림 등을 겪는 환자들의 소변에서 당을 발견, 증상 중 하나가 당을 포함한 소변이라는 것을 알아냈을 뿐 신체 내에서 어떤 작용이 일어나는지는 여전히 의문이었다.

이후 프레더릭 박사가 간에서 당을 생성하고 이를 다시

혈액으로 전달한다는 것을 알아낸 후 당뇨병에 대한 연구가 본격적으로 시작되었고 이후 인슐린이 당뇨에 도움을 줄 수 있다는 데까지 연구를 이어나갈 수 있는 계기를 마련했다.

기후 변화 및 인류의 생활상이 많이 변하고 과거와는 달리 국가 간 이동도 자유롭고 빠른 지금, 바이러스에 의한 질병 전파는 예전보다 훨씬 빨라졌다. 이는 신종 바이러스의 출현과 전파에 따른 팬데믹*의 가장 최전선에 있는 사람들이 의사일 수밖에 없게 되었다. 아픈 사람들을 가장 먼저 만나기 때문에 의사들이 바이러스성 질병을 발견하는 빈도수는 더욱 올라가게 될 것이고 이를 빠르게 처리하고 확산을 막는 것도 의사가 할 일이다.

특히 바이러스에 의한 질병은 이미 우리에게 알려진 다른 병과 비슷한 증상으로 찾아올 수 있어서 직접 그 병에 대한 처치와 연구, 증상에 대한 관찰을 하는 의사가 아니면 기존 질병과 다른 점을 빠르게 찾아내기 어렵다.

최근 전 세계를 힘들게 하고 있는 코로나 19도 표면적으

---

* 감염병의 세계적인 유행을 뜻한다. 세계보건기구가 선포하는 감염병의 최고 경고 등급이다. 최근에는 신종 코로나바이러스 감염증(코로나 19)이 전 세계를 강타한 바이러스형 감염병으로 팬데믹 상태를 만들었다.

로 보이는 증상은 일반적인 폐렴, 감기, 독감 등과 비슷해서 그 구분이 어려웠다. 하지만 현직에서 일하는 의사들과 연구원들에 의해 기존 질병과 다르다는 것이 밝혀짐으로 백신이나 치료약 등 다른 대응책이 마련되었다.

3) 심인성 질병을 찾다

흔히 물리적인 질병이 아닌 마음에서 오는 질병 혹은 원인을 구체적으로 찾지 못하는 질병을 심인성 질병이라고 한다. 환경 변화에 따라 사람들의 마음이 달라지거나 이로 인해 정신적인 불편함이 왔을 때 이를 파악하고 치료하는 것도 의사의 업무이다. 또한 급격한 기후 변화로 인한 갑작스런 질병의 발생 및 유행성 질병에 대응하는 것도 의사의 역할이다.

심인성 질병은 좁은 뜻으로는 신체 증상을 말하지만 병이 발생한 원인 중 자율신경계의 기능 장애나 불안함, 두려움 등으로 반사적으로 발생하는 신체 변화까지도 포함한다. 또한 자연 환경에 의한 원인을 알 수 없는 일시적 혹은 지속적 변화도 넓게는 심인성 질병에 포함을 하는데 천식, 비염, 알레르기, 신경성 질환 등이 여기에 해당된다.

특히 사회가 복잡해지고 관계가 다양화되면서 인간관계를 힘들어 하는 사람들이 늘어나고 있는데 이로 인해 기존에는 정해진 바 없었던 새로운 질병의 원인들이 발생하기도 한다. 가스라이팅(다른 사람의 마음이나 상황을 교묘하게 조작해서 상대방이 스스로를 의심하게 만드는 행위), 언어폭력(말을 통해 다른 사람에게 상처를 입히는 행위) 등이 그것이다. 이렇게 마음의 질병을 키우는 원인이자 사회적 문제에 노출된 사람들을 치료하는 것도 의사가 해야 할 일이다.

더불어 사회적인 분위기로 인해 집단적으로 발생하는 히스테리성 정신질환이나 자해, 자살 등을 이끌어내는 심리적 질병 역시 의사의 도움을 필요로 하나 이는 일차적인 처치와 처방, 치료이기 때문에 심리 치료는 환자와 그 주변인 모두의 관심이 필요하다.

의사는
어디에서 일할까?

병원에서 일한다

우리나라 의료법에서는 의료기관을 종합병원, 병원, 치과병원, 한방병원, 한의원, 의원, 치과의원, 조산소 등으로 규정하고 있다. 이 중 우리에게 가장 익숙한 병원은 30개 이상의 병상이나 요양 병상의 시설을 갖추고 의료 행위를 하는 곳을 말한다. 좀 더 자세하게 구분하자면 다음과 같다.

일반적으로 병원은 의료전달체계를 기준으로 1차, 2차, 3차 병원으로 구분한다. 보통 1차 병원은 병상수가 30개 미만으로 주로 외래 진료를 한다. 동네 병원, 보건소나 내과, 이비인후과, 정형외과, 산부인과, 외과 등 단일과 이름을 붙인 의원이다. 주로 경증 환자나 만성질환이 있는 사람들이 찾는다. 보통 통원하는 치료나 2~3일 내외로 단기 입원이 가능하다.

2차 병원은 입원과 진료가 가능한 병원이다. 보통 병상수가 30개 이상, 진료과목이 7개 이상이어야 한다. 일반적으로 1, 2차 구분 없이 공식적으로 병원이라 지칭할 때는 보통 2차 병원을 말한다. 2차 병원의 경우 각 진료과목에는 전문의가 있어야 한다. 진료의뢰서 없이도 진료가 가능하며 1차 병원을 다녀도 상태가 좋아지지 않거나 더 다양한 검사와 치료가 필요할 경우 방문한다.

3차 병원은 의과대학부속병원이나 종합병원과 같이 9개 이상 진료과목과 3년차 이상의 레지던트가 있는 병원을 말한다. 보통 병상이 100개 이상, 300개 이하이며 내과, 외과, 소아청소년과, 산부인과 중 3개 과목에 영상의학과, 마취통증의학과, 진단검사의학과, 병리과 중 일부를 포함해서 전체 7개 이상의 진료과목에 전문의가 있어야 한다. 만약 병상이 300개 이상이면 앞서 언급한 과 외에 정신건강의학과, 치과를 포함해서 전체 9개 이상 진료과목을 갖추어야 하고 전문의도 있어야 한다.

전문의가 되려면 3차 병원에서 인턴과 레지던트 과정을 거쳐야 한다. 일반적으로 1, 2차 병원에서 발급받은 소견서를 가지고 진료 의뢰를 해야 하지만 응급, 출산, 재활 등은 진료의뢰서나 소견서 없이도 진료와 건강보험 혜택을 받을 수 있다.

일반적으로 병원은 공공병원, 사립병원으로 나뉜다. 공공병원은 다시 국립대학병원, 국립의료원, 시도립병원 등으로 나뉜다. 사립병원은 사립대학교병원과 개인병원으로 구분된다. 병원에 따라서는 치료 목적보다는 전공의를 교육하는 목적으로 운영되는 병원도 있다.

특수 병원에서 일한다

특수 병원은 특정한 질환을 위한 병원이다. 보통 장기적으로 상태를 살펴야 하는 질환이나 오래 입원을 해야 하는 질병 등을 전문으로 한다. 소아병원, 암병원, 결핵병원, 나병원(한센병 전문병원), 정신병원 등이 여기에 속한다. 보통 국공립병원으로 운영된다.

보건소에서 일한다

보건소는 나라에서 국민의 건강을 위해 운영하는 건강관리기관이다. 구와 도에는 1개의 보건소가 있고 읍, 면 역시 보건소가 1개씩 있다. 일반적인 질병의 치료보다는 전염병 및 질병의 예방관리, 보건 통계, 교육, 학교 보건 및 노인보건 등 건강에 관한 전반적인 지도와 교육, 관리하는 기관이다. 2022년 현재 코로나 19 상황의 경우 각 지역에서 감염자 관리, 감염 여부 검사 등을 보건소를 통해 진행하고 있다. 보건소를 운영하는 보건소장은 대부분 의사이다.

병원선에서 일한다

병원선은 말 그대로 배에 있는 병원이다. 보통 공중보건의사들이 근무를 한다. 배를 타고 섬을 방문하여 섬 주민들에게 의료 서비스를 제공하는 찾아가는 병원이다. 시, 도청에서 운영한다. 좀 더 넓은 의미에서 병원선은 크게 세 종류로 나뉜다.

먼저 국가가 만들거나 설비를 갖추도록 한 군용 병원선이 있고 각국의 적십자사나 구제 단체가 운영되는 민간병원선이 있다. 마지막으로 중립국의 적십자사와 구제단체, 개인 등이 운영하는 병원선이 있는데 이들 병원선은 어떠한 경우에도 공격이나 포획의 대상이 될 수 없도록 되어 있다. 이는 1907년에 개정된 적십자 조약의 원칙을 해전에 응용하는 조약, 1904년의 병원선에 관한 조약, 제네바 협약에 의한 해상의 군대, 병자, 부상자, 조난자에 대한 내용에 의거한다. 때문에 누구나 병원선인 것을 알 수 있게 바깥 부분을 모두 흰색으로 칠하고 빨간 십자가(적십자)를 표시하는 것을 원칙으로 하고 있다.

병원선에는 의사, 간호사, 위생요원 등이 탑승할 수 있으며 전쟁이 난 곳에 파견을 가기도 한다.

교정시설에서 일한다

교정시설은 나라에서 정한 법을 어긴 사람들이 일정 기간 동안 수용되는 곳을 말한다. 보호감소호, 교도소, 구치소, 소년원 등이 여기에 속한다.

대부분 형을 받은 기간 동안은 밖에 나갈 수가 없기 때문에 그 안에서 질병이 발병했을 경우 1차적인 치료는 교정시설 내에 마련된 의료시설에서 받아야 한다. 여기에 근무하는 의사도 공중보건의사이다. 특히 교정시설에 들어온 사람들의 경우 제대로 된 의료시설에 접근하지 못했던 사람들이 일반인보다 높은 비중으로 모여 있어서 공중보건 입장에서는 교정시설의 의료 행위가 더 중요하다.

의사의 윤리 강령

대한의사협회에서는 의사의 윤리 강령을 다음과 같이 지정하고 있다.

1. 의사는 인간의 존엄과 가치를 존중하며, 의료를 적정하고 공정하게 시행하여 인류의 건강을 보호 증진함에 헌신한다.
2. 의사는 의학적으로 인정된 지식과 기술을 기반으로 전문가적 양심에 따라 진료를 하며, 품위와 명예를 유지한다.
3. 의사는 새로운 의학지식, 기술의 습득과 전문직업성 함양에 노력하며, 공중보건의 개선과 발전에 이바지한다.
4. 의사는 환자와 서로 신뢰하고 존중하는 관계를 유지하며, 환자

의 최선의 이익과 사생활을 보호하고, 환자의 인격과 자기결정
권을 존중한다.

5. 의사는 환자의 알 권리를 존중하며, 직무상 알게 된 환자의 비
밀과 개인정보를 보호한다.

6. 의사는 환자에 대한 최선의 진료를 위해 모든 동료 의료인을 존
경과 신의로써 대하며, 환자의 안전과 의료의 질 향상을 위해
함께 노력한다.

7. 의사는 국민 건강 증진과 삶의 질 향상을 위해 기여하며, 의료
자원을 적절히 사용하고, 바람직한 의료환경과 건강한 사회를
확립하기 위해 법과 제도를 개선하도록 노력한다.

8. 의사는 의료정보의 객관성과 신뢰성 확보를 위해 노력하며, 개
인적 이익과 이해상충을 적절히 관리함으로써 환자와 사회의
신뢰를 유지한다.

9. 의사는 사람의 생명과 존엄성을 보호하고 존중하며, 죽음을 앞
둔 환자의 고통을 줄이고, 환자가 인간답게 자연스런 죽음을 맞
을 수 있도록 최선을 다한다.

10. 의사는 사람 대상 연구에서 연구 참여자의 권리, 안전, 복지를
보호하며, 연구의 과학성과 윤리성을 유지하여 의학 발전과
인류의 건강 증진에 기여한다.

우리 의사는 위의 의사 윤리 강령을 자유의사에 따라 성실히 이행할 것을 엄숙히 선언한다.

대한의사협회는 위의 기본 윤리 강령을 기초로 해서 의사의 일반적 윤리, 환자에 대한 윤리, 동료 보건의료인에 대한 윤리, 의사의 사회적 역할과 의무, 출산과 임종, 장기 이식, 의학 연구 등 개별 의료 분야 윤리 등을 세분화해서 지침을 만들었다.

의료인, 의사라는 직업이 전문가로서 직업에 대한 사명감과 자부심을 갖도록 하고 더 나아가 생명을 다루는 직업임을 늘 기억하게 하는 것이 의사 윤리 강령의 목표이다.

어떤 부담을 주기보다는 생명 자체에 대한 존경심을 갖고 응대해야 하는 의사의 기본을 다지고 환자와의 상호신뢰를 구축하는 데 있어 도움을 주기 위해 만든 것이다.

윤리 강령에 의거해서 의사들은 환자가 어떤 사람인지 판단하지 않고 '환자이기 때문에' 치료를 해야 한다. 설혹 내 앞에 있는 이 환자가 극악무도한 범죄자이거나 테러리스트일지라도 의사는 그 환자를 치료해야 할 의무와 책임이 있다.

예를 들어 전쟁이 일어났을 때 내 가족을 다치게 하고 이

웃을 죽게 한 적군이 환자로 누워 있다면 의사는 개인적인 감정을 버리고 그 적군을 살리기 위해 최선을 다해 치료를 해야 한다. 역사에 나올 만한 악인이 환자여도 치료해야 하고 어떻게든 살려야 하는 것이 의사의 의무이다. 실제로 분쟁지역에서 의료행위를 하고 있는 의사들은 하루에도 수십 번씩 위와 같은 상황에 맞닥뜨리곤 한다. 그때마다 인간으로서는 복수와 분노의 감정이 올라오지만 의사라는 사명감 하나로 적군을 치료하고 그들의 목숨을 살리기 위해 최선을 다한다.

의사는 이렇게 생명과 가장 가까이에 있는 사람들이다. 때문에 이를 존중하고 귀하게 생각하는 마음이 첫 번째이지 않으면 안 되는 직업이다. 다른 직업들보다 사명감과 책임감이 무엇보다 중요하다.

2장
내가 의사가
되기까지

나는 어떤 의사가
될까?

선택하는 진료과에 따라서 조금씩 다를 수도 있고 학교의 정책에 따라 약간의 차이가 있을 수는 있지만 일반적으로 의과대학은 총 6년의 기간을 다녀야 졸업할 수 있다. 물론 의대만 졸업한다고 해서 의사가 될 수 있는 것은 아니다. 의과대학 6년 혹은 학부 4년에 의학전문대학원 4년을 졸업한 후 시험을 보고 의사 면허를 받은 후에 다시 수련의, 전공의, 전임의 과정을 거쳐야 한다.

첫 2년은 예과 과정으로 쉽게 말해 의대에서 배울 수 있는 가장 기초적인 학문을 배우는 기간이다. 화학, 물리, 생물 등 기초적인 학문을 듣는 것은 물론 직업적 특성상 윤리, 철학, 교양 등을 배워 생명에 대한 존중의식을 잃지 않게끔 교육받는다. 이후 3학년에 올라가면 본격적인 의대

본과 생활이 시작된다. 본과 1, 2학년 때는 전공 수업을 위주로 공부하고 3, 4학년 때는 임상 실습을 하게 된다.

요약하면, 6년간의 의대생 생활 후 의사 면허증을 취득하고 1년간의 인턴과 4년간의 레지던트 생활을 마치면 전문의 자격증을 취득할 수 있다. 이후 임상강사 혹은 전임의라고 하는 펠로우 과정을 거치면 전임강사가 될 수 있고 조교수, 부교수를 거쳐 교수가 되는 것이 의사의 전체 과정이다. 물론 의술 활동은 의사면허를 취득하면 바로 할 수 있지만 의술의 범위와 분야에 한계가 주어진다.

기초의학의사

기초의학은 말 그대로 의학의 기초가 되는 분야를 말한다. 해부학, 생리학, 미생물학, 기생충학, 병리학, 위생학, 법의학, 공중위생학, 조직학 등이 여기에 해당된다. 의대 진학 후 모든 학생이 배우는 기초 과목이라고 볼 수 있다. 반면 임상의학은 내과, 외과, 이비인후과 등 병원에서 실제로 환자를 대상으로 치료를 하는 의학을 말한다. 임상의학 역시 기초의학이 기본이 되지 않으면 하기 어렵다.

과학 기술이 발전하면서 기초의학도 함께 성장했다. 물리학과 공학의 발전으로 전자현미경이 발명된 후 체내 세포를 관찰할 수 있게 되었다. 더불어 유전학과 분자생물학에도 발전이 이뤄졌다. 호르몬 역시 수많은 기초의학자, 임상의학자의 노력으로 발견된 물질이다. 그전에는 원인을 알 수 없었던 다양한 증상들이 호르몬에 의해 연관된 기관에서 연쇄적으로 발생한다는 것을 알게 되었다. 그 뒤로 뇌, 갑상선, 난소 등 내분비 기관의 질병에 대한 다양한 치료법이 개발되었다.

1) 병리과

병리에서는 질병을 진단하기 위해 환자에게서 채취한 조직, 체액, 혈액 등을 분석한다. 병리과의사는 이를 통해 기초 질병을 진단하고 결과를 해당 진료과목 의사에게 알린다. 이 과정에서 희귀병이나 신종 질병을 발견하기도 한다.

대부분의 작업은 실내에서 이루어지며 섬세한 촉각과 시각이 중요한 분야이다.

관련된 분야로는 병리학, 분자유전학, 면역병리학, 초미세병리학 등이 있다. 관련 연구를 하거나 검사 장비개발, 검사를 위해 쓰는 시료의 개발과 관리 등도 한다. 병리과의사를 돕는 의료인으로는 임상병리사가 있다.

병리학은 병리해부학과 실험병리학으로 나뉜다. 병리해부학은 병이 들어 죽은 시신을 해부하여 병의 원인을 찾아내고 이를 치료할 수 있는 방법을 연구하는 학문이고, 실험병리학은 동물 실험을 통해 질병의 원인과 치료법을 찾아 내는 학문이다.

2) 핵의학과

핵의학은 방사성 동위원소를 이용해서 진단과 치료를 하는 의학 분야이다. 치료뿐 아니라 연구에 있어서도 중요한 위치를 담당하고 있다.

핵의학과전문의는 방사성 및 안정된 핵, 방사성의약품 등을 이용해서 검사를 진행한다. 대부분 종양과 심장이나 뇌의 질환을 검사하는데, 필요에 따라 방사성핵종을 이용해서 환자를 치료한다.

진단방사선학은 마리 퀴리와 그의 남편인 피에르 퀴리가 라듐을 발견함과 동시에 방사능 물질을 연구하면서 시작되었다. 이후 방사선 진단법과 치료법이 다수 만들어졌고 특히 골절 및 내장 기관의 질환을 살피는 데 없어서 안 될 요소가 되었다.

핵의학과에서는 영상 검사, 체외 검체 검사, 방사성동위원소 치료, 임상방사선의학 등을 수행한다. 영상 검사는 방사성 추적자를 몸 안에 넣어서 퍼지는 모양을 영상으로 만드는 것이고, 체외 검사는 혈액 내의 혈청 성분을 방사선동위원소를 이용해 검사하는 것이다. 각종 암의 경우 병의 진행 정도에 따라 다른 부위에 퍼졌을지 모를 암세포를 방사선을 이용해서 없애야 할 수도 있다. 이를 '방사선동위원소 치료'라고 한다. 방사성 의약품과 기기는 특히 전문적으로 다루어야 하기 때문에 반드시 전문의가 있어야 한다.

핵의학과는 1993년 처음 전문 진료과목으로 독립했다. 우리가 익숙하게 알고 있는 컴퓨터 단층촬영(CT) 및 자기공명영상(MRI)은 영상의학과에서 담당하고 핵의학과에서는 양전자방출단층촬영(PET) 등을 담당한다. 현재 암, 심혈관질환, 뇌혈관질환 및 정신과 질환, 파킨슨병, 치매 등에서 핵의학을 이용한 다양한 치료를 시도하고 있다. 핵의학과를 중심으로 한 '분자영상'이라는 새로운 분야가 개척 중이다.

특히 분자영상은 앞으로 가장 발전할 가능성이 높은 생체 의학의 분야이다. 세포 내에서 일어나는 분자 수준의 변화를 관찰하면서 그 안에서 벌어지는 다양한 현상을 영상으로 만들고 체계적으로 정리하는 분야이다. 이런 과정을 통해서 각 세포가 어떻게 움직이고 작용하는지, 질병이 시작되는 원인을 알아내고 맞춤 치료를 할 수 있게 된다.

분자영상학은 의학뿐 아니라 세포생물학, 물리학, 화학, 바이오과학 및 일반영상의학까지 다양한 분야가 결합된 새로운 의학 영역이다.

내과의사

내과는 소화기, 호흡기, 순환기 등 인체 내부 기관 질병을 진단, 치료, 수술, 처치하는 분야이다. 방사선과나 혈액, 종양학과와 긴밀하게 협업하기도 하고 때로는 수술을 한 환자의 합병증에 대응해야 한다. 또한 완치된 환자가 재발하지 않도록 생활 방식에 대한 조언을 하기도 한다.

내과는 호흡기내과, 감염내과, 소화기내과, 신장내과, 류마티스내과, 순환기내과, 내분비내과, 혈액종양내과, 알레르기내과가 있다. 각 과에서 전문의가 하는 일을 살펴보자.

1) 호흡기내과

호흡기내과는 기도, 기관지, 폐와 폐혈관에 발생하는 모든 질병을 다룬다. 호흡기내과학은 모든 의과대학과 의학전문대학원에서 필수 과목이다. 따라서 모든 의사는 기본적으로 호흡기내과학을 공부한다. 이후 호흡기내과전문의가 되기 위해서는 대학 혹은 대학원 졸업 후 의사면허시험에 합격, 병원에서 인턴 과정 1년, 레지던트 과정 4년을 거쳐 내과전문의가 되어야 한다. 이후 분과 전문의 수련이 가능한 대학병원이나 종합병원에서 전임의(펠로우) 과정을 1년 이상 이수해야 비로소 호흡기내과전문의가 될 수 있다.

2) 감염내과

감염내과학은 모든 의사가 반드시 공부해야 하는 필수 과목이다. 세균, 바이러스, 곰팡이 등에 의해 감염되는 질병의 진단과 치료, 예방을 담당하고 있다.

내과 질환 대부분은 질병의 원인을 알아도 그 원인을 완전히 없애기가 어렵다. 가장 흔한 감기의 경우도 그 증상을 치료할 뿐 완벽하게 근원을 없애지는 못하는 불치, 난치병이다. 때문에 해당 증상이 더 깊어져 다른 증상이나 합병증이 생기지 않도록 하는 것이 중요하다. 감염내과에서는 병원체의 제거와 질병, 질환의 완치를 하는 것을 목적으로 하고 있다. 세균, 바이러스, 진균 등에 대항하는 항균제, 항바이러스제, 항진균제 등을 적극적으로 사용해서 질병 치료를 하는데 사실 몸 전체에 걸쳐 감염이 일어나기 때문에 개별적인 진료과 치료는 각 과에서 진행하고 감염내과에서는 이러한 질환의 발생을 연구하고 치료제를 개발하는 데 중점을 둔다.

대학병원이나 종합병원에서는 환자가 면역력이 떨어져 추가 감염이 발생할 것에 대비해 감염내과 진료를 받도록 조치하고 있다.

감염내과전문의사 역시 내과전문의를 먼저 취득한 후 1년 이상 감염내과분과가 있는 종합병원, 대학병원에서 1년 이상 전임의 과정을 이수해야 한다.

3) 소화기내과

소화기내과는 소화기에서 발생하는 질환에 대한 진단과 치료를 담당한다. 소화기는 식도, 위, 대장, 소장, 간, 췌장, 담낭, 십이지장 등이다.

소화기내과는 내시경과 초음파 같은 영상의학이 발달하면서 그 영역이 넓어졌다. 때문에 소화기내과의사는 진단과 치료, 수술뿐 아니라 이러한 영상 기기의 판독과 활용까지 할 수 있어야 한다.

최초의 내시경은 1868년 독일의 아돌프 쿠스몰(1822~1902)이라는 의사가 발명했다. 마술사가 칼을 삼키는 마술을 보고 위내시경을 떠올렸다고 한다. 당시에는 구부러지는 유연한 호스가 없어서 뻣뻣한 내시경이었고 이후 미국의 의사 바질 헬슈위츠(1925~2013)가 유리섬유로 만든 유연한 내시경을 개발했다.

소화기내과는 임상분과라서 기본적으로 진단과 치료 연구를 한다. 하지만 위에서 말한 것처럼 내시경 등의 검사와 이에 해당하는 시술도 함께 이뤄지는 특성이 있다. 위내시경, 대장내시경, 담췌관 조영술, 내시경 초음파, 캡슐내시경 등의 검사와 점막 절제술, 점막하 박리술, 괄약근 절개술,

식도정맥류 결찰술 등을 시술하기도 한다.

4) 신장내과

신장은 우리 신체 중 척추 옆에 있는 두 개의 장기이다. 체내 수분량을 조절하고 노폐물을 내보내는 기능 외에 적혈구 생산 호르몬을 분비하고 혈당에도 관여하는 중요한 기관이다. 장기는 단 하나, 신장이지만 이 신장의 이상으로 인해 연결된 다양한 질병이 발생할 수 있기 때문에 신장내과의사는 무엇보다 다른 과와 협진이 중요하다.

역시 약물 치료를 중심으로 하지만 복막투석, 혈액투석과 같은 신대체요법을 시행하기도 하기 때문에 신장내과전문의는 신장조직 검사, 혈액투석, 복막투석 등을 하는 기계 및 약물도 잘 알아야 한다. 환자 상태에 따라 이식 수술을 시행하기도 한다.

신장내과의사가 되는 과정 역시 내과의사 자격증 취득 후 대학병원이나 종합병원에서 1년 이상 전임의 과정을 이수해야 한다.

5) 류마티스내과

류마티즘이라는 단어에서 유래한 류마티스 질환은 관절, 연골, 근육 및 뼈와 인대에 생기는 병이다. 정상 세포를 적

(외부 항원)으로 오인해 공격하는 자가 면역 질환이다. 때문에 류마티스내과전문의는 자가 면역 질환에 대한 이해와 더불어 원인 규명, 진단, 치료뿐 아니라 류마티스 질환이 작용하는 관절과 근골격계에 대한 물리적인 시술도 병행한다.

자가 면역 질환으로는 류마티스 관절염 및 루프스, 강직성 척추염, 베체트 병 등이 있다. 혈액 검사, 엑스선 검사 등을 통해 원인과 증상을 판단하고 류마티스전문의는 증상에 따라 관절 내에 주사제를 놓기도 하고 약물을 쓰기도 한다.

6) 순환기내과

순환기내과전문의는 심장전문의라고도 불린다. 심장과 심장에 연결된 혈관, 심장을 싸고 있는 심낭에 발생하는 질환을 다루기 때문이다. 더불어 혈류에 따라 발생하는 고혈압, 저혈압, 부정맥 등도 역시 순환기내과전문의가 다루는 영역이다.

순환기내과는 20세기 초 심전도의 발명 이후 급속도로 발전한 영역이다. 심전도는 심장 박동에 따라 심근에서 발생하는 활동 전류를 신체 표면에서 측정하고 기록하는 기계이다. 심장의 활동성과 질환을 알아보는 가장 기본적인 검사인데 심근경색이나 협심증, 부정맥 등을 알아낼 수 있다.

또한 심장 초음파를 통해 몸 안으로 기구를 넣지 않고도 심장 구조와 움직임을 볼 수 있는데 순환기내과전문의는 초음파 기기를 활용하는 것 외에 혈관을 통해 플라스틱 관을 넣어 심장 근육에 혈액을 공급하는 관상동맥까지 보낸 후 조영제를 주사하고 이를 엑스선으로 관찰하는 심혈관 조영술 등도 실행한다.

이렇게 얻은 정보로 심장의 움직임에 도움을 주는 스텐트 시술이나 부정맥을 치료하는 전극 도자 절제술 등을 하기도 한다.

7) 내분비내과

내분비내과는 내과 중에서 가장 다양한 질병을 진료하고 치료하는 진료과목 중 하나이다. 내분비내과에 해당하는 질병은 상당히 많다.

먼저 갑상선 기능 항진증, 갑상선 기능 저하증, 갑상선염, 갑상선 결절, 갑상선 암 등 갑상선 질환, 고지혈증, 가족성 고지혈증 등 지질대사 이상, 제1형 당뇨병, 제2형 당뇨병, 임신성 당뇨병, 저혈당증 등을 포함하는 당뇨병이 이에 속한다.

또 말단 비대증, 고프로락틴혈증(유즙 분비증), 뇌하수체 기능 저하증, 뇌하수체 종양 등 뇌하수체에 관련된 질병과 쿠싱 증후군, 알도스테론증, 부신피질 기능 저하증 등 부신에 관한 질병, 다낭성 난소 증후군, 성선 기능 저하증 등도 내분비내과에 속한다. 여기에 고칼슘혈증, 부갑상선 기능 항진증, 부갑상선 기능 저하증, 부갑상선 종양 등 부갑상선 질환과 골다공증, 골연화증 같은 골대사에 관한 것까지 모두 내분비내과전문의가 담당하는 영역이다.

때문에 당뇨클리닉, 갑상선클리닉, 골다공증클리닉, 비만클리닉 등은 내분비내과의사의 영역이라고 보면 된다.

내분비내과전문의는 '내분비대사내과학전문의'라고도 한다. 모든 내과전문의는 내과전공의 과정에서 필수로 공부해야 한다. 내분비내과전문의가 되기 위해서는 내과전문의 자격 취득 후 1년간 종합병원, 대학병원 등에서 분과 전임의사 기간을 거쳐야 한다. 대학교수나 내분비대사 분과가 별도로 있는 대형 대학병원에서 일할 수 있다.

8) 혈액종양내과

혈액종양내과에서는 혈액 질환이나 혈액과 관련된 암을 다룬다. 그래서 혈액내과와 종양내과로 구분을 하기도 한다. 혈액종양내과전문의는 급성 및 만성 백혈병, 악성림프종과 골수에 관한 질병을 담당하며 조혈모세포이식술 등을 한다. 빈혈이나 출혈성 질환을 진단, 치료하고 위나 대장,

폐 등에 발생하는 종양(암 외)의 약물 치료를 담당한다. 즉 암세포를 공격하는 약물을 사용해서 수술이 아직 필요 없는 환자의 암 치료나 수술 후 재발과 전이를 막는 항암 치료를 설계하고 실행한다.

모든 의사는 의과대학 및 의학전문대학원에서 혈액종양내과를 공부하고, 의과대학이나 의학전문대학을 졸업한 후 의사면허시험까지 통과하면 수련병원에서 인턴(1년), 레지던트(4년) 과정을 이수해야 한다. 이후 분과 전문의 수련이 가능한 대학병원이나 종합병원에서 1년 이상 전임의 과정을 이수하면 혈액종양내과전문의가 될 수 있다.

9) 알레르기내과

알레르기내과에서는 면역체계가 비정상적으로 과민반응해서 나타나는 질환을 진단하고 원인을 찾아 치료한다. 보통 알레르기는 원인이 되는 물질이 피부에 닿은 즉시 반응하는 즉시형 과민반응, 세포가 일정한 성분과 반응해서 독성을 나타내는 세포독성 과민반응, 체내 면역 물질이 원인 물질과 결합해서 조직에 쌓여 독성을 나타내는 면역복합체 과민반응, 몸 안의 T세포가 외부 자극 물질에 반응해서 생기는 세포 매개 지연성 과민반응으로 나뉜다.

흔히 두드러기나 붓기, 쇼크 등이 나타난다. 더 나아가 아토피 피부염, 류마티스 관절염, 결핵, 장기 이식 거부 반응 등 다양한 형태로 나타나기 때문에 알레르기내과전문의는 알레르기 자체의 진단과 치료뿐 아니라 다른 질병과의 연계도 면밀하게 공부하고 대응해야 한다.

기본적으로는 연구를 많이 해야 하고 알레르기 반응이 상대적으로 호흡기로 많이 나타나는 경향이 있기 때문에 호흡기내과와 함께 묶어 호흡기알레르기내과로 진료를 하기도 한다.

알레르기는 원인을 만드는 물질을 찾아서 환자가 더 이상 그 물질을 가까이 하지 않도록 차단하는 게 중요하기 때문에 특수 검사와 면역 검사, 면역 치료 등을 같이 시행한다.

미세먼지나 계절성 비염 등 환경 요인이 더 안 좋아지면서 최근 그 수요가 더 많이 필요해진 분야이기도 하다.

신경과의사

신경과전문의는 정밀한 작업을 해야 하기 때문에 시각과 손의 감각이 무엇보다 중요하다. 신체검사와 신경학적 검사를 통해 질환을 찾아내고 약물 처방이나 내과적 치료를 한다.

보통 신경계 혈관 질환인 뇌경색, 뇌출혈, 운동 질환인 파킨슨, 헌팅톤병 등을 치료하고 윌슨병이나 치매, 근육무력증 수막염, 다발성경화증 등의 질병도 신경과의사가 담당하는 질병이다.

수명이 길어지면서 자연적인 근육 퇴화와 신경 장애를 겪는 노인이 일상생활을 좀 더 편하게 할 수 있도록 다양한 검진과 점검을 한다.

정신과의사

최근 몇 년간 찾는 사람들이 많이 늘어난 과 중 하나가 정신과이다. 정신 질환이라고 하면 숨기거나 알리지 않기를 바라는 사람들이 더 많았던 과거와는 달리 최근에는 정신적인 문제 역시 치료와 보살핌이 필요한 영역이라는 인식이 더 많아졌기 때문이다.

정신과의사는 정신 장애뿐 아니라 스트레스로 발생하는 다양한 신체 변화에 대해 전반적인 진단과 치료를 한다. 면담이나 검사뿐 아니라 뇌기능 검사를 하기도 하고 인지, 행동치료 및 가족을 포함한 집단 치료, 환경 치료까지도 담당한다.

정신과의사가 시행하는 치료는 생물학적 치료와 심리사회적 치료로 나뉜다. 생물학적 치료는 대부분 약물치료이지만 광선치료, 전기경련치료 등의 기구를 이용한 치료와 정신외과적 수술도 포함된다.

외과의사

환자의 몸 상태나 질병이 진행된 정도에 따라 수술 없이 치료할 수 있기 때문에 내과의사만큼이나 내과학을 잘 알아야 한다. 환자가 앓고 있는 질환이나 신체 상태에 따라 수술 방법과 가능성이 정해진다. 산부인과, 안과, 이비인후과, 비뇨기과 등도 외과에서 분리된 분야이다. 뇌신경외과, 흉부외과, 소아외과, 소화기외과, 심장외과 등 역시 크게는 외과에 포함된다.

내과에서 약물 요법을 주로 쓴다면, 외과는 수술을 주로 행하는 과라고 생각하면 된다.

1) 정형외과

정형외과의사는 주로 뼈와 관절 관련에 생기는 질환을 진료한다.

정형외과는 사지 질환, 관절 염증 등을 다룬다. 선천성 기형이나 사고에 의한 관절 변형 등은 교정과 기능 회복에 중점을 둔다. 사고로 인한 중증 외상은 뼈와 관절에 손상이 일어나기 때문에 수술과 재활치료까지 고려한 진료와 치료, 수술을 진행한다. 최근 인공 관절 등이 많이 만들어지면서 대체 수술을 하는 것 역시 정형외과의사가 하는 일이다.

정형외과의사는 엑스선 촬영 및 초음파검사, 방사선촬영, 컴퓨터 단층 촬영, 신경 및 혈액검사 등을 통해 환자 상태를 파악하고 이후 진료하는 세부 과목에 따라서 척추외과, 수부외과, 족부외과, 슬관절외과, 고관절외과, 근골격계 종양외과, 소아정형외과 등으로 구분해서 진료한다.

2) 신경외과

신경외과의사는 외과의사이기는 하지만 중추와 말초 신경을 대상으로 집중적 진료를 하기 때문에 상당 부분 독립된 진료를 한다.

오랜 시간 뇌 수술은 미지의 영역으로 남아 있었다. 그래서 초반의 뇌 수술은 신경외과의사가 뇌병소의 위치를 알려주면 일반 외과의사가 수술을 했다고 한다. 이후 신경외과 의사 하비 쿠싱(1868~1939)이 머리를 열어서 수술하는 방법을 개발했고 이후 세계대전과 한국 전쟁 등에서 뇌 손상을 입은 수많은 군인을 치료하면서 본격적으로 신경외과 의사들이 나오기 시작했다.

현재 신경외과의사는 뇌혈관 장애와 기형, 뇌의 외상과 감염, 뇌종양 등 뇌에 직접적으로 영향을 주는 종양이나 질병을 수술하기도 하고 뇌의 신경으로 인해 발생하는 간질, 뇌손상, 마비 등을 약물과 수술로 치료하는 일을 하기도 한다.

3) 흉부외과

흉부외과는 말 그대로 흉부(가슴 부위)를 중점적으로 진료한다.

심장, 폐, 식도, 기도, 대동맥 등인데 이들 장기는 인간이 생명을 유지하는 데 중요한 영향을 끼치기 때문에 빠른 판단과 능숙한 수술 솜씨가 필요하다. 흉부외과에서는 심장 주변에 있는 장기들과 연결된 대동맥질환, 관상동맥 질환 등도 진료한다. 흉부외과의사가 하는 가장 대표적인 수술은 동맥, 정맥에 관한 수술과 심장 이식, 인공 심장 수술 등이다. 특히 소아심장외과의 경우 흉부외과에 속해 있지만 별도로 선천적 심장 질환에 특화되어 있다.

4) 성형외과

보통 성형이라고 하면 미용을 위한 성형을 떠올리기 쉽다. 하지만 처음에는 몸에 나타난 선천적이거나 후천적인 기형, 사고로 인해 소실된 인체의 일부를 보완하거나 원래대로 고쳐주는 개념이었다. 때문에 성형외과의사도 성형을 해주는 의사인지 재건을 해야 하는 의사인지가 구분이 된다. 재건성형의는 선천적, 후천적 기형, 변형, 결손 등의 형태와 기능을 회복시켜주는 수술과 치료를 하게 되는데 기구, 피부 등의 이식이나 봉합 등의 수술이 이용된다.

특히 성형외과전문의를 취득한 후 1년 이상 실무에 종사하며 펠로우 수련 과정을 거친 의사들 중 논문, 학술대회, 연수 등을 모두 일정 수준 이상 통과하면 수부외과 전문의가 될 수 있는데 수부외과는 성형외과 중에서도 특히 손, 손목, 손가락, 팔 등을 집중적으로 진료, 수술한다. 수부외과는 수부사지외과라고도 하며 크게 손 부분에 관련된 수부재건, 다리 부분에 관련된 하지재건으로 나뉜다. 수부사지외과의 경우 의과대학이나 의학전문대학원에서 필수적으로 들어야 하는 분야이고, 모든 의사는 수부사지외과를 공부해야 한다. 단, 이를 전공으로 하는 성형외과 의사가 되기 위해서는 우선 의사 면허를 획득 후 수련의 1년과 4년간의 성형외과 전공의 임상 수련 과정을 이수해야 한다.

이 밖에도 성형외과에서 세분화될 수 있는 분야는 두개악안면성형, 두경부종양학, 두개악안면외과학, 두경부성형외과학, 외상학 등이 있다. 전반적으로는 구조적인 변형이나 기형을 교정하기 위한 수술과 치료를 병행한다는 공통

점이 있고 각각 담당하는 신체 부위에 따라 세분화된다.

마취통증의학과의사

마취는 수술에서 없어서는 안 될 과정이다. 과거에는 마취라는 개념이 없어 환자에게 독한 술을 마시게 해서 취하게 만들거나 마약 등을 써서 정신을 혼미하게 한 다음 수술을 진행했지만 1846년 모턴에 의한 에테르 마취 공개 실험* 이후 마취는 수술에서 빼놓을 수 없는 부분이 되었다.

마취과의사는 '마취의' 또는 '마취과의'라고 하는데 수술 시 환자에게 가장 알맞은 마취를 지속적으로 하는 일을 한다. 흔히 마취는 그냥 약을 쓰면 될 거라고 생각할 수 있다. 그러나 마취에 있어서 중요한 것은 마취를 하는 게 아니라 후유증 없이 깨어나게 하는 것이다. 즉 수술하는 동안 발생하는 심박수, 체온, 산소포화도, 혈압 등도 살펴야 하고 갑자기 일어나는 경련, 심전도 변화 등의 반응에 따라 마취

• 하버드 의과대학에서 화학 강의를 하던 찰스 잭슨의 강의를 듣고 에테르가 사람을 잠들 수 있게 한다는 것을 배운 후 모턴은 스패니엘 개를 대상으로 먼저 실험을 했다. 에테르 증기를 마신 후 잠들었던 개가 증기가 들어 있던 병을 치운 후 3분쯤 지나 잠에서 깨고 뛰어 노는 것을 보고 암탉과 금붕어에게도 똑같은 실험을 했다. 이후 스스로 에테르 증기를 마셔 잠든 후 깨어나는 실험을 반복하면서 마취에 쓸 수 있다는 확신을 얻고 에드워드 길버트 에보트라는 목에 튀어나온 종양을 가진 환자를 공개적으로 마취해서 수술에 성공했다.

수준을 조절하는 것이 마취과의사가 하는 일인 것이다.

특히 외과 수술은 그 시간을 가늠하지 못하는 경우가 많기 때문에 수술 도중 환자가 마취에서 깨거나 수술이 끝난 후 깨어나지 못하는 경우가 발생할 수 있다. 마취과의사는 이런 상황을 막기 위해 전문적으로 기기와 약물을 다뤄 의사가 수술에만 집중할 수 있도록 한다. 또한 신경통이나 암 환자의 통증치료, 중증 환자 관리도 맡는다. 수술 외에 역할이 확대되면서 2002년부터 마취통증의학과라는 명칭을 쓰게 되었다.

최근 들어 인공지능이 발달함에 따라 마취과의사의 영역이 상당부분 인공지능으로 대체될 것이라는 이야기가 나오고 있지만 아직까지는 수술 시 돌발 상황에 즉각적으로 조치를 취해야 하는 마취과의사의 경험이 좀 더 필요할 것으로 보인다. 수술에 따라 기계를 사용할 수 없는 상황도 발생할 수 있기 때문에 마취과의사는 수술 시 없어서는 안 될 중요한 위치를 계속 담당하게 될 것이다.

산부인과의사

산부인과는 여성을 중심으로 한 과이다. 산부인과의사는 일반적으로 임신과 출산, 그리고 월경과 전염성 질환, 균에 의한 질병과 자궁 내 다양한 근종 등을 약물과 수술로 치료하는 일을 한다.

전통적으로 산과와 부인과를 합쳐서 산부인과로 통칭했지만 최근에는 다양화된 여성 질환으로 인해 과가 좀 더 세분화되었다. 산과, 부인과, 생식내분비학, 비뇨부인과학, 부인종양학 등으로 나눌 수 있다. 산과는 임신과 출산을 다루고, 부인과(여성의학과로 지칭하는 곳도 있다)는 여성의 생식 기관과 관련된 질병을 진료한다. 생식내분비학에서는 불임, 폐경, 호르몬으로 인한 각종 생식기 이상과 생리 불순을 다루고 비뇨부인과학에서는 배뇨 이상이나 장기 탈출증 등을 다룬다. 부인종양학은 자궁경부암, 난소암 등을 집중적으로 진단, 치료한다. 산과, 부인과, 생식내분비학, 비뇨부인과학, 부인종양학 모두 진단과 치료를 위해서는 영상의학, 병리학, 외과, 비뇨기과, 방사선종양학과 등과 협진을 하게 된다.

여성은 보통 첫 생리 무렵에 산부인과를 찾는 것이 좋으며 이후에도 꾸준히 검진을 받는 것이 좋다고 한다. 자궁경부암 같은 경우 백신이 있고 백신의 경우 성경험 전에 맞는 것이 더 효과가 좋기 때문에 미성년자라도 산부인과 진료를 받아보기를 권한다.

최근 임신과 출산이 점점 줄고 나이 들어 아이를 갖는 경우가 많아지는 추세다. 임산부 연령이 높아짐에 따라 다양한 질환이 많이 발생한다. 산부인과의사는 이러한 질환을 치료하면서 영상의학과, 내과, 외과, 방사선종양학과, 병리과 등과 긴밀하게 협진을 하는 경우가 많다.

소아청소년과의사

소아청소년과는 갓 태어난 신생아에서부터 만 18세 이하 청소년이 찾는 곳이다. 예전에는 '소아과'였는데 좀 더 전문성 있고 폭넓은 치료를 꾸준히 받아야 하는 소아기, 청소년기를 아울러 2007년부터 소아청소년과로 이름이 바뀌었다.

원래는 내과에 속해 있었으나 소아심장, 감염, 내분비 및 신경과와 성장에 따라 발견되는 다양한 징후에 대응해야 하기 때문에 별도로 독립했다. 특히 소아청소년과 의사는 산부인과와 협력, 태아 때부터 출산, 성장기에 이르기까지 관리를 하기도 한다.

별도로 소아외과가 운영되는 병원은 소아외과의가 따로 있기도 하다. 이 경우는 대부분 소아의 외과 질환을 담당한다. 수술 기법이 발전해 영유아도 장기 수술이 가능해지면서 분야가 세분화되었다. 심장 관련 질환, 식도나 소화관, 담도가 막혀 있는 경우 등 반드시 수술이 필요한 질환을 가지고 태어난 아기들을 전문적으로 살핀다. 병원에 소아외과가 별도로 분리되어 있는 경우 일반적인 소아과는 내과 진료를, 소아외과는 수술을 담당한다. 이때 의사 역시 소아내과의사, 소아외과의사로 나뉜다.

여러 가지 사회적, 자연적 변화로 인해 선천적인 질병을 가지고 태어나는 아기들이 늘어나면서 현재는 소아비뇨기과, 소아신경외과 등 기존의 비뇨기과, 신경외과 등에서도 영유아, 소아를 위해 세분화 되는 추세이다.

안과의사

안과의는 눈 전문의사이다. 몸 전체에서 눈이 차지하는 면적은 작지만 눈 건강은 삶의 질을 크게 좌우한다. 이미 19세기부터 안과학은 외과학의 일부로 계속 발전해왔다. 근래에는 내과와 신경과 영역까지 아우른다.

눈은 작은 기관인 것처럼 보이지만 그 안에 숨어 있는 구조는 무척이나 복잡해서 안과의는 눈꺼풀에서 눈물기관, 결막, 각막, 수정체, 망막 등 세부적인 구조적 질환과 시신경 및 시력 저하, 교정에 관한 시술과 수술, 그리고 다른 부위에서 발생한 질환 때문에 눈에 영향이 가는 관련 이상까지 종합적으로 치료한다.

컴퓨터나 스마트폰 사용 시간이 길어짐에 따라 눈의 피로도가 높은 요즘 특히 안과 관련 환자가 증가하고 있다.

이에 따라 안과전문의의 필요가 높아지고 있으며 성형외과 적으로 필요한 눈꺼풀 관련 수술 역시 안과전문의와 협진 을 하기도 한다.

이비인후과의사

이비인후과의사는 인두와 후두, 즉 귀와 코 목에 관련된 질환을 치료한다. 이 외에도 귀, 코 목에 관련한 안면성형, 수면, 후두, 음성언어학까지 세분화되기도 한다. 필요에 따라 수술과 내과적 치료를 병행한다.

특히 이비인후과의사는 인공와우 이식술과 같은 수술을 집도하기도 하고 귀, 코, 목에 발생한 염증을 약물로 치료하기도 한다. 여기에 최근 환자가 늘어나고 있는 수면장애의 원인 중 하나인 코골이와 수면 무호흡증에 대한 치료도 이비인후과의사가 전담하는 분야이다.

갑상선암 역시 수술에 있어 이비인후과의사의 역할이 커지고 있다. 림프절 절제술이나 후두, 기도 등에까지 암세포가 퍼지는 경우가 있기 때문이다. 성대가 다쳤을 경우 이비인후과의사는 음성전문의와 언어치료사와 협진해서 환자가 잃었던 목소리를 찾을 수 있도록 치료를 병행한다.

음성전문의는 보통 연구를 전문으로 하는 임상의학의사이다. 후두병학, 음성학을 아우르는 넓은 영역을 공부하고 연구한다. 사람이 말을 할 때 쓰는 신체 부위에 대한 연구와 더불어 그 장애의 원인과 치료를 연구한다. 치료는 단독으로는 하지 않고 이비인후과의사와 함께 한다.

언어치료사는 의사는 아니지만 특수교육학과 언어치료학을 전공한 보건의료 관련 서비스직이다. 언어 장애의 원인이나 증상을 파악하고, 계획을 짜서 환자를 치료한다. 언어 장애의 경우 이비인후과적 치료와 수술이 필요한 신체 장애가 원인이 될 수도 있지만 유전, 지능, 심리적 요인이 영향을 줄 수도 있기 때문에 언어치료사의 도움이 꼭 필요하다. 이 경우 먼저 영상의학적 검사를 한 다음 환자 상태에 맞춰 다양한 프로그램을 적용해 치료를 진행한다. 현재는 병원, 심리치료센터, 언어치료실, 재활원 등에서 치료를 받을 수 있다. 이비인후과 관련 질병은 종류에 따라 단순 치료로 끝나는 것이 아니라 지속적인 교육이 병행한다. 이때 언어치료사는 이비인후과 수술이 완료된 환자의 재활과 학습을 지원하기도 한다.

피부과의사

피부과에서 다루는 질환은 생각보다 범위가 넓다. 피부뿐 아니라 피부 부속기관에 나타나는 질환을 종합적으로 관찰해서 치료한다. 우리가 알레르기라고 하는 피부염과

아토피 등은 면역과 관계가 있기 때문에 약물 치료를 하지만 피부 종양이나 감염성 피부일 경우 레이저를 사용한 시술, 혹은 피부 이식술 등을 직접 하기도 한다.

다양한 치료용 레이저 장비를 써서 기미, 잡티 등 피부 건강과 미용에 관한 시술을 하기도 하며 피부 아래 퍼져 있는 혈관에 관한 질환 역시 피부과의사가 진료하는 범위에 속한다.

루푸스나 경피증처럼 면역체계에 해당되는 질병 역시 내과적 면역 치료와 더불어 피부에 나타나는 증상은 피부과의사가 협진하여 치료한다.

비뇨기과의사

비뇨기는 신장과 방광, 요도로 이어지는 순환계를 이야기한다. 우리 몸은 노폐물을 소변과 대변으로 내보내고 체내 수분량을 이로써 적절하게 조절한다. 이 시스템이 망가지면 비뇨기 계통에 질병이 발생한다.

비뇨기과의사는 전반적인 순환체계에 해당하는 질병을 치료하고 이에 해당하는 수술을 집도한다. 특히 산부인과가 여성에게 특화되어 있다면 비뇨기과는 남성의 성기와 호르몬 이상에서 오는 각종 장애와 증후군을 진단하고 치료한다. 대부분 내시경으로 수술을 진행하지만 증상에 따라서 다른 과와 협진, 수술을 진행하는 경우도 있다.

영상의학과의사

우리나라에 처음 영상의학이 들어온 것은 1911년 조선총독부에 엑스선 촬영기가 들어오면서부터였다. 이후 해방이 되면서 대한방사선의학회가 창립되고 진단방사선과가 만들어졌다.

하지만 단순히 진단하고 영상을 판독하는 것이 전부가 아니라 영상을 보면서 시술이나 수술을 하는 경우가 늘어나면서 영상의학으로 명칭이 개정되었다.

영상의학과의사는 환자를 직접 마주하기보다는 치료나 수술에 필요한 특수 촬영 사진, 방사선 사진 등을 찍고 이를 의사들과 함께 보며 의견을 전하는 일이 더 많다. 전문적인 판독이 수술에 큰 영향을 주기 때문에 영상의학과의사는 사진과 영상으로 보다 정확하게 환자 상태를 판독하게 판단하는 세밀함이 필요하다.

방사선종양학과의사

방사선종양학과의 의사들은 과거에는 치료방사선의사로 불렸다. 방사선종양학과의사는 방사선을 이용해서 환자들을 치료하는데 수술, 항암과 더불어 3대 암 치료 중 하나인 방사선 치료를 관장한다.

암 치료에 쓰이는 방사선은 높은 에너지를 가지고 있어서 필요한 부위에 정확하게 쓰는 것이 중요하다. 때문에 방사선종양학과는 세밀하고 꼼꼼하게 기구를 다루어야 한다.

주로 뇌종양, 혈액암, 소화기암 등의 암 치료와 양성 종양인 뇌수막종, 두개인두종 등을 치료한다.

진단검사의학과의사

진단검사의학과의 의사가 하는 일은 광범위하다.

일단 병원을 찾은 환자들이 기본적으로 하는 모든 검사를 시행하기 때문이다. 질병의 발견, 진단, 치료, 관찰, 판정을 위해 다양한 검사를 실시한다. 이때 환자의 혈액, 골수, 소변, 대변 및 각종 조직 등을 적절한 방법으로 검사한다.

이를 통해 질병의 종류, 진단, 경과 등을 판단하고 이에 따라 해당 과에서 수술을 할 것인지 약물 치료를 할 것인지를 결정하도록 한다.

또한 면역 및 유전에 관한 진료를 하고 혈액공급과 헌혈 업무를 담당하기도 해서 외과 수술 중 필요한 혈액을 공급하거나 혈액에서 얻은 정보를 통해 각종 면역 질환, 신경계 질환 등을 미리 알아내 치료를 하는 일을 한다.

재활의학과의사

내과나 외과의 다른 분야보다는 오히려 역사가 짧은 편이기는 하나 인간의 삶에 좀 더 편안하게 인간다움을 더해주는 의학 영역으로써 자리 잡은 분야이기도 하다.

재활의학의사는 질환의 진행 정도에 따라 환자를 관찰, 적절한 치료법을 제시한다.

또한 운동을 통한 재활프로그램을 만들고 다양한 기구를 사용해서 환자가 최선의 상태로 돌아갈 수 있도록 하는 것이 재활의학과의사가 하는 일이다.

예방의학과의사

예방의학은 질병의 예방을 위해 생활 환경을 개선하고 건강법을 제안하는 분야이다. 대부분의 의사가 이미 발병한 질병을 치료한다면 예방의학과의사는 질병을 예방하는데 더 집중한다. 공중보건과 헷갈리기 쉬운데 공중보건이 집단을 위주로 하는 것이라면 예방의학은 보다 개인적으로 접근해서 보살핀다.

대부분의 예방의학과의사는 큰 기업이나 다수의 사람이 모이는 현장 등에서 안전을 도모하기 위해 상주하거나 각종 질병을 조사하고 관리하는 업무를 담당한다.

보건학, 의학통계학, 간호학, 영양학, 의료관리 등의 다양한 지식을 고루 갖추어야 하는 분야이기도 하다.

최근 가장 각광을 받는 분야가 예방의학이고 이에 예방의학 의사가 다루는 영역이 넓어지고 있는 추세이다. 그동안 질병이나 막아야 할 것이 아닌 자연스런 현상이라고 생각했던 노화 분야를 예방의학에서 상당부분 담당하게 된 이후의 흐름이다.

이전에는 아파야 병원을 가는 문화였다면 예방의학에서 노화를 다루기 시작하면서부터 사람들은 아프기 전에 아프지 않기 위해 더 늙지 않기 위해 병원을 찾게 되었다. 특히 신체의 많은 부분에 변화를 겪으며 육체와 정신적으로 아프고 힘들어지는 갱년기를 다루기 시작하면서 예방의학과는 노화를 늦추고 건강하게 나이 들어 가도록 삶의 질을 높여주는 분야가 되었다.

가정의학과의사

가정의학과는 가장 많은 의학 분야와 영역을 공유한다. 현재의 질병 유무에 관계없이 모든 연령의 환자를 보기 때문이다.

다만 다른 과에서 개별적으로 수술과 치료를 행한다면 가정의학과의사는 그보다 좀 더 본질적으로 질병에 접근한다. 만약 아이가 발병을 했다면 부모의 유전적인 요소는 없는지, 돌봄에 있어 상해는 없었는지, 가정에서 알레르기나 외상이 발생할 만한 요소는 없는지를 모두 종합적으로 파악한다. 때문에 대부분의 건강검진클리닉, 노인클리닉, 갱년기 의학 클리닉 등이 가정의학과 영역이라고 볼 수 있다. 예방의학과 비슷한 맥락을 가지고 있기도 해서 많은 부분 가정의학과의사가 예방의학에 근거한 치료를 함께 하기도 한다.

응급의학과의사

응급의학과의 의사는 가장 일차적이고 치열한 의료 현장에 있는 사람들이다. 우리나라의 경우 1987년에 영동세브란스 병원에 최초로 응급학과가 개설되어 1989년부터 응급의학과 전공의 수련이 시작되었다. 아직 분과는 없지만 응급의료체계, 소생의학, 외상학 및 전문 외상처치, 중독 및 독성학, 환경 응급처치 등 사람이 사건과 사고로 인해 생명의 위협을 받는 다양한 경우의 수에 대한 연구와 대응이 이뤄지고 있다.

응급의학과의사는 주로 응급실에서 '응급환자'를 살핀다. 때문에 다양한 분야를 고루 경험하고 알고 있어야 하며 각각의 상황에 대해 진단과 치료 과정을 이해하고 있어야 한다. 응급의학과의사는 경증환자의 진단, 치료 외에 중증 환자의 골든타임* 안에 치료 판단을 빠르게 할 수 있어야 한다. 이후 해당 전문의사가 전문적인 수술과 처치를 할 수 있도록 연계하는 것 역시 응급의학과의사가 할 일이다.

외상 및 응급 의료 의사들

1) 늘 출동할 준비가 되어 있는 사람들

의사는 아니지만 긴급한 경우 환자를 병원으로 이송하고 응급구조를 하는 사람들이 있다. 바로 119 구급대원과 구조대원이다. 모두 소방서의 현장 활동 분야이며 진압대원, 구급대원, 구조대원으로 구분된다. 진압대원이 관창 등을 들고 직접 불을 끄면, 구급대원은 부상자를 응급처치 및 이송하는 역할을 하고, 구조대원은 불이 난 곳으로 직접 들어가서 구조가 필요한 사람을 구해서 대피시킨다. 구조대원 중에는 산에서 조난 당한 사람을 구하는 산악구조대원도 있고 해양 사고, 혹은 천재지변이 일어났을 때 투입되는 구조대원도 있다. 즉 사건사고 현장에서 인명 구조를 전담하는 사람이 구조대원이며, 이렇게 구한 사람을 병원으로 이

---

* 사고가 발생했을 때 인명을 구조할 수 있는 최적의 시간이다. 이 시간을 놓치면 생명이 위험하기 때문에 사고 후 골든타임 안에 적절하게 치료하는 것이 무엇보다 중요하다. 사고 상황, 환자 상태, 질병의 종류에 따라 골든타임이 달라진다.

송하면서 응급처치를 할 수 있는 사람이 구급대원이다.

구급대원은 응급의료 관련 자격을 가지고 응급처치를 하는 소방대원을 말한다. 구급대원은 1995년 이후 전국에 11개 응급구조과가 신설된 후 지금까지 꾸준하게 인력을 양성하고 있다.

2019년 초까지 구급대원이 할 수 있는 일은 심폐소생술, 기도삽관, 지혈, 정맥로 확보 등으로 생명을 살릴 수 있는 가장 기본적인 처치까지였다. 하지만 2019년 6월 이후부터 119대원들의 응급처치 업무가 확대되었다. 지금은 심폐소생술과 함께 심전도 촬영을 할 수 있게 되어서 심정지 환자에게도 심전도 사용이 가능하다. 구급차에서 분만을 할 경우 탯줄을 끊는 것도 가능해졌다.

이제는 법이 바뀌어 구급차에서도 진통제나 약물을 써서 이송중에 환자의 고통을 덜어줄 수 있게 되었다.

이처럼 119 구조대원, 구급대원들은 의사는 아니지만 가장 최전방에서 환자를 만나고 병원으로 이송하는 중요한 역할을 하고 있다.

2) 중증외상센터의 의사들

중증외상센터는 응급의료센터보다 넓은 개념의 의료기관이다. 보통 추락, 총상, 교통사고 등 외부의 조건으로 인해 치명적인 상처를 입은 응급환자를 전문적으로 치료하는 곳이다.

보통 이런 환자들은 차근차근 검사를 하고 그 결과를 기다릴 수 시간 여유가 없다. 촌각을 다투게 급한 경우가 많기 때문에 중증외상센터는 응급실에서 할 수 없는 수술, 치료 장비와 인력을 갖추고 있다. 일반적으로 중증외상센터를 이용할 수 있는 환자는 중장비 사고로 큰 부상을 입은 사람, 총상, 자상을 입은 사람, 6미터 이상 높이에서 추락한 사람, 교통사고로 큰 부상을 입은 사람 등이다.

일반 사람들에게 중증외상센터가 알려진 것은 2011년 1월, 대한민국 해군 부대가 소말리아 인근 아덴 만에서 해적에게 피랍된 삼호주얼리호를 구출한 작전이 알려지면서부터다. 소말리아 해적에게 총을 맞은 석해균 선장을 이곳으로 이송, 치료하면서부터였다. 이후 중증외상센터가 전국에 건립되었으며 외상센터에는 외상환자 전용 병상 및 일반 병상, 수술실, 치료실, 영상진단장비, 치료 장비 등이 갖추어져 있다.

외상의과의사는 단순히 환자를 치료하는 것 외에 가장 극한 상황에서 환자 상태를 파악하고 응급조치를 들어가는 것부터 실제로 해야 하기 때문에 때로는 병원이 아닌 현장으로 직접 가서 환자를 살피기도 한다. 또한 환자를 이송하는 구급대원들과 함께 응급처치에 대한 의견을 수시로 나누면서 환자를 빠르고 안전하게 처치한 후 이송하는 방법들을 공유하기도 한다.

3) 응급실의 의사들

응급실에만 있는 의사가 따로 있는 것은 아니다. 병원에 따라 다르기는 하지만 보통 응급의학과전문의, 내과, 일반외과, 소아과의사들이 교대로 근무하고 인턴과 레지던트도 응급실에 투입되기도 한다. 대부분 전문 진료는 내과, 외과 전문의가 하고 응급의학과의사나 인턴, 레지던트는 응급상황을 넘긴 환자들을 정밀하게 치료하기 위해 다른 과로 옮기거나 후속 조치를 한다.

응급실은 일반적인 병원의 다른 과와는 달리 위급한 환자를 우선으로 치료한다. 병원에 온 순서에 상관없이 당장 처치가 필요한 환자를 우선순위로 치료하며 위급한 정도는 의사의 판단에 따른다. 모든 병원에 다 응급실과 응급의학과의사가 있는 것은 아니며 2차, 3차 병원에 주로 마련되어 있다.

4) 공중보건의사

도시의 경우 곳곳에서 병원을 찾아볼 수 있지만 섬이나

산 속 깊은 곳에서는 병원은커녕 의사도 찾기가 힘든 경우가 여전히 많다. 이렇게 우리 사회 곳곳에 의료 인력이 부족한 지역을 직접 찾아다니는 사람들이 공중보건의사이다. 일반적으로는 보건소나 보건지소에 근무를 하지만 이 외에도 교도소 등의 교정시설, 국공립병원, 의료시설이 취약한 곳까지 다양한 곳에서 공중보건의사를 만날 수 있다.

우리나라 공중보건의사의 경우 대부분 농어촌의 의료취약지에서 근무한다. 특히 섬에서 근무하는 공중보건의사를 '섬보의'라고 하는데 대부분 혼자 섬 전체 주민들을 진료해야 하는 부담이 있다. 또한 섬이라는 특성상 응급환자가 생기면 해양경찰 등에게 도움을 요청, 전문 의료시설이 있는 곳으로 이송해야 한다. 업무는 과중하지만 의료시설이 취약한 곳에서는 없어서는 안 될 중요한 사람이다.

의사가
되는 방법

의사가 되려면 어떻게 해야 할까?

대한민국에서 의사가 되려면 크게 세 가지 방법이 있다.

첫 번째는 가장 보편적인 방법인 의과대학 진학이다. 보통 고등학교에서 이과 전공생이 많이 선택하며 우리나라에는 현재 41개 의과대학이 있다. 의대에 진학 후 총 6년을 공부하고 의사 면허를 취득하면 일단 의사가 되는 첫 관문은 넘었다고 볼 수 있다.

두 번째는 의학전문대학원에 진학하는 것이다. 일단 대학교를 졸업한 학사 이상의 학력을 가진 사람이 다시 의사가 되고자 할 때 선택할 수 있는 방법이다.

세 번째는 편입이다. 편입의 경우 원래 다니던 대학교의 학점을 기반으로 기초 의학고사와 면접을 통해 의대를 들어가는 방법인데 학교별로 조건이 각각 다르기 때문에 내가 가고자 하는 학교의 조건을 먼저 확인해야 한다.

의과대학 진학하기

대한민국에서 의사가 되려면 우선 의과대학에 진학을 해야 한다.

의과대학에 들어가면 먼저 2년간 의사가 갖춰야 할 기본 교양과 지식을 전반적으로 배운다. 이후 4년 동안은 의학과에서 본격적인 의학 공부를 시작하게 되는데 보통 1, 2학년 때는 이론을 공부하고 3, 4학년 때는 실습을 병행한다. 이때 병원 실습이 함께 이루어진다. 실습은 내과계, 외과계, 정신 신경계 및 통합 임상과 선택 임상 등으로 나뉘며 보통 본과 3학년 때부터 의사 국가시험을 준비하게 된다.

의학과 1, 2학년 때 배우는 것은 학교마다 명칭에 차이는 있지만 보통 인체에 관한 과목인 인체해부학, 인체조직학, 생리학, 기초신경과학과 질병과 약물의 이해, 혈액과 종양 및 호흡기, 순환기, 소화기, 생식, 성장 등에 대해 배운다.

의사국가고시의 경우 한정된 인원을 뽑는 것이 아니라 자격이 되는 사람을 뽑는 것이 목적이기 때문에 절대 평가로 이뤄진다. 합격 기준은 40점 이하를 받은 과목 없이 전과목 평균 60점 이상이다. 필기시험 문항 수만 360개에 달하고 시험 범위가 넓고 문제 난이도가 높기 때문에 결코 쉬운 시험이 아니다. 필기시험은 2일에 걸쳐서 보게 되고 필기에 합격하면 실기시험을 치른다.

실기시험은 진료 문항과 수기 문항으로 나뉘며 진료 문항은 임상 증상을 가지고 온 환자를 문진하고 직접 신체를 진찰하는 것으로 진행된다. 진료 태도 및 병증을 알아내는 기술을 파악하기 위한 것으로 총 6문제를 10분 내에 풀어야 한다. 수기 문항 36개의 문제 중 6개를 풀어야 한다. 실기에서 불합격을 하면 이듬해에 실기만 따로 한 번 더 도전할 수 있다. 하지만 2년 연속 실기시험에 불합격할 경우 필기시험부터 다시 치러야 한다.

어느 대학에 의과대학이 있을까?

2021년을 기준으로 우리나라에는 총 41개 의과대학이 있다. 이 가운데 16개 대학이 편입을 허용하고 있다. 가톨릭관동대학교, 건양대학교, 경희대학교, 고신대학교, 고려대학교, 대구가톨릭대학교, 아주대학교, 연세대학교 미래캠퍼스, 원광대학교, 을지대학교 대전캠퍼스, 인제대학교, 인하대학교, 제주대학교, 중앙대학교, 차의과학대학교, 충북대학교, 한림대학교이다. 이 17개 대학을 제외한 나머지 대학은 오직 입시로만 입학이 가능하다.

서울대학교, 연세대학교, 울산대학교, 성균관대학교, 한양대학교, 가천대학교, 순천향대학교, 이화여자대학교, 경북대학교, 부산대학교, 전남대학교, 연세대 원주캠퍼스, 충남대학교, 전북대학교, 경상대학교, 단국대학교 천안캠퍼스, 영남대학교, 동아대학교, 계명대학교, 동국대학교 경주캠퍼스, 차의과학대학교, 조선대학교, 건국대학교, 강원대학교가 입시로만 입학이 가능한 학교이다.

만약 해외에서 의대를 나온 후 한국에서 다시 의사가 되고자 한다면 우리나라에서 인정하는 나라와 해당 대학에서 공부를 해야 한다. 현재 아시아에서는 일본에 13개 대학, 대만 4개 대학, 우즈베키스탄 3개 대학, 몽골의 2개 대학, 미얀마, 카자흐스탄, 키르기스스탄에서 각각 1개 대학으로 총 25개 대학을 인정하고 있다. 유럽은 이보다 많은 54개이다. 유럽에서 가장 많은 허용 대학을 가진 나라는 독일로 총 15개 대학이고 그 다음이 영국으로 13개, 러시아 9개, 헝가리 4개, 우크라이나와 프랑스가 각각 3개 대학을 인정하고 있다. 그 밖에 네덜란드, 벨라루스, 스위스, 스페인, 아일랜드, 오스트리아, 폴란드는 각각 1개 대학씩 허용하고 있다.

미국은 가장 많은 대학이 허용된 나라인데 총 18개 대학이다. 캐나다는 2개, 호주 6개, 뉴질랜드에서 2개 대학이 허용되어 있다.

남미에서는 아르헨티나 4개, 파라과이 2개, 니카라과, 볼리비아, 그레나다, 도미니카공화국에서 각각 1개 대학이 가능하다. 아프리카에서는 남아프리카공화국 2개, 에티오피아 1개로 전 세계 32개국 102개 학교 중 한 곳에서 학위를 받아야 국내에 들어와서 의사 시험을 볼 수 있는 자격이 주어진다.

의학전문대학원에 진학하기

의학대학부터 차근차근 공부를 한 후 의사가 되는 것 외에 일반 대학을 졸업한 사람이 이후 의사로 진로를 바꿀 때는 의학전문대학원 지원으로 의사의 길을 갈 수 있다.

원래대로라면 예과 2년에 본과 4년, 총 6년을 다녀야 하지만 의학전문대학원에 입학을 하면 본과 1학년인 의대학생들과 함께 수업을 들을 수 있다. 즉 예과 2년을 다니지 않고 바로 본과부터 시작할 수 있게 된다.

하지만 의학전문대학원 입문시험인 MDEET에 예과 2년 동안 다른 학생들이 배우는 생리학, 일반화학, 기초 신경과학 및 인체에 관한 내용들이 포함되어 있기 때문에 대학원 시험을 보기 위해서는 예과생들만큼 공부가 별도로 필요하다.

즉, 의과대학교에 입학해서 다른 학생들이 2년간 배우는 것을 MDEET를 통해 확인한 후 본과에 바로 입학할 수 있도록 해주는 것이다.

2017년 이전에는 의학전문대학원 입문시험인 MEET와 치의학 전문대학원 입문시험인 DEET가 나누어져 있었는데, 2017년 이후 두 시험이 합쳐져서 의·치의학 전문대학원 입문시험인 MDEET로 통합되었다.

MDEET를 합격한 후 일반의사의 길을 가고자 하면 의학전문대학원으로, 치과의사가 되고자 하면 의·치의학 전문대학원으로 진학하면 된다.

하지만 다양한 제도적, 정치적 이유 및 효용성에 대한 논란이 끊이지 않는 부분이 있어 전문의학대학원은 점점 줄어드는 추세이다. 2021년 기준, 우리나라에는 차의과학대학 대학교 의학전문대학원, 건국대학교 의학전문대학원, 강원대학교 의학전문대학원의 세 곳만 남아 있다. 2023학년도부터는 차의과학대학교에서만 의학전문대학원을 유치할 계획이다. 이에 따라 지원자가 조금씩 줄고 있는 추세이다.

의학대학교로 편입하기

의학대학교에 들어가는 방법 중 하나인 편입은 일반 편입과 학사 편입으로 나눌 수 있다. 보통 대학교 2학년 수료 혹은 그 예정자이면 1차 자격 요건은 충족한다. 하지만 각 의대별로 공인된 영어 성적을 별도로 요구하기 때문에 내가 지원하고자 하는 학교에서 요구하는 공인 영어의 성격과 성적을 확인해서 준비해야 한다. 일부 대학은 MDEET 점수를 반영하는 곳도 있어서 이 역시 별도로 준비해야 할 수도 있다.

보통 의대에 편입하려면 일반생물과 일반화학을 공부해야 한다. 편입 시험이 미생물학, 동물생리학, 발생학 등에서 출제되는 경우가 많아 기본적인 명칭과 속성은 알아야 한다. 편입이라는 과정 자체가 이미 의대에서 공부하고 있는 학생들과 엇비슷하게 발맞추어 공부를 진행할 수 있는 사람을 뽑는 것이다 보니 기본적인 의학 지식을 가지고 편입에 임해야 한다. MDEET에 준하는 공부와 외국어 시험 점수 만족을 위한 공부를 병행해야 해서 쉬운 길은 아니지만 편입의 장점은 지원 횟수에 제한이 없다는 것이다. 필요로 하는 영어 시험도 꼭 편입만을 위해 준비해야 하는 별도의 시험이 아니라 일반 시험, 취업 등을 위해 준비하는 것과 비슷하기에 어느 정도 부담 없이 준비가 가능하다.

의료과학고등학교에 입학하기
대학교에 진학해서 의료인의 길을 걷기 전, 일찍부터 의료인으로 진로를 정했다면 의료과학고에 진학하는 방법도 있다. 의료과학고에서는 보건간호, 의료 비즈니스, 의료 IT 및 의학 분야와 3D 콘텐츠를 개발하는 3D 콘텐츠디자인 등으로 세분화된 분야에서 좀 더 일찍 나의 관심 분야를 공부할 수 있다.

1학년 때는 전공을 옮기는 것이 자유롭지만 다른 과에서 보건간호과로 옮기는 것만 안 된다. 의사국가고시를 보기 위한 최소 시간을 확보하기 위해서이다. 의료과학고에서는 일반적인 전문대학교 못지않은 시설을 갖추고 실제로 실습과 이론을 병행한 공부를 할 수 있게 구성되어 있다. 학교 생활을 하면서 의료전자기능사, 간호조무사 등의 자격증을 따 남들보다 빠르게 의료 분야로 진출할 수 있다는 장점이 있다.

외국에서 의사 되기

일반적으로 많이 시도하는 방법은 아니지만 유학을 가서 의사가 되어 다시 한국으로 돌아오는 경우도 있고, 해외 의대가 특정 분야에서 두각을 드러낼 경우 그 의대에 들어가 의사가 되기도 한다.

전문의가 되는 과정

우리나라의 전문의 제도는 1952년부터 시작되었다. 현재는 일반의사 26개, 치과의사 10개, 한의사 8개의 임상의학 전문과목이 있다.

일반의 과정을 마치고 종합병원에서 1년 동안 인턴 생활에 들어간다. 한 달씩 모든 과를 돌면서 임상 지식과 경험을 쌓는다. 이 기간 동안 자신에게 어떤 과가 맞는지, 무슨 과를 가장 가고 싶은지 고민하게 된다. 어떤 신념이나 경험에 의해 처음부터 과를 확실하게 정하는 경우도 있지만 보통은 인턴 하반기에 전공과목을 정하게 된다.

인턴 과정을 마치면 레지던트 과정이 기다린다. 자신이 선택한 과에서 레지던트로 수련을 받으며 집중적으로 해당 과목의 진료를 보게 된다. 이 중 내과, 예방의학과, 결핵과, 가정의학과는 3년, 다른 과는 4년간 레지던트 과정을 거친다. 각각 연차에 따라 다른 역할을 수행하며 의사로서 경험을 쌓고 자질을 갖추어가는 시기이다.

전문의 과정까지 끝나면 일반적으로 밖으로 나가 자신의 병원을 차린다. 종합병원에서 근무하고 싶거나 의과대학교수가 되고 싶다면 수련 병원에서 1~3년 정도 임상강사 생활을 더 할 수 있다. 이 과정을 펠로우(전임의)라고 한다. 전임의는 보통 2년의 기간을 거치고 이후 조교수, 부교수, 정교수로 연차에 따라 호칭과 담당하는 범위가 달라진다.

보통 종합병원에 입원하게 되면 수술을 담당하거나 진료를 보는 의사들이 정교수 혹은 부교수이고 시간마다 회진을 돌며 환자 상태를 살펴보거나 간단한 처치, 치료를 담당해주는 의사들이 전임의나 전공의라고 생각하면 된다. 때문에 전공의, 전임의 역시 이미 오랜 시간 의학 공부를 해온 의사들이다.

의사면허 자격증 취득하기

우리나라는 의사 활동을 위해 의사면허 자격증이 필요한데 의사 면허 시험을 보기 위한 조건은 두 가지이다.

첫 번째는 의과대학에 입학했거나, 편입으로 의과대학에 들어갔거나, 의학전문대학원을 통해 국내의 의과에서 공부를 하고 졸업을 한 사람이다.

두 번째는 국가에서 인정한 해외의 의사 면허가 있는 사람이다. 외국에서 의사가 된 후 국내에서 의사로 일하려면 의사 면허 시험을 국내에서 다시 봐야 한다. 즉, 해외에 있는 의대를 진학해서 각 학교에서 정한 교육 과정을 마무리한 후 졸업을 하고 해당 국가의 의사 면허를 취득해야 한다. 이후, 우리나라 보건복지부에서 내가 의사 면허를 취득한 나라와 의학을 공부한 대학교를 인증하는지 알아보고 해외

대학 인증을 취득한 후 대한민국 의사 예비시험에 합격해
야 한다.

의사 예비시험은 1차와 2차로 나누어서 진행하는 데 각
각 필기와 실기로 이루어져 있다. 2차인 실기는 일반적인
의사고시의 실기와 마찬가지로 모의 환자를 진료해보는
CPX(Clinical Performance Examination)로 진행된다.

예비시험에 합격한 후에는 다시 대한민국 의사국가고시
에 응시, 필기와 실기를 모두 합격해야 비로소 의사가 될
수 있다.

일반의와 전문의, 무엇이 다를까?

보통 의사국가고시에 합격하면 의사 면허를 취득한 것이
되어 병원을 열 수 있다. 이를 '일반의'라고 한다. 일반의의
의미는 나라별로 좀 차이가 있는데 우리나라의 경우 시험
에 합격한 후 바로 현장에서 활동하는 의사나 인턴까지 마
친 후 현장에서 활동하는 의사를 모두 일반의라고 부른다.

일반의는 의료 행위의 범위에 대해서는 큰 차이가 없다.
일상에서 발생하는 질병이나 사고에 대한 진료를 대부분
할 수 있기 때문에 자신이 원하는 과목을 진료하는 병원을
열 수 있다. 다만 이때 병원 명칭에 과목을 명시할 수는 없
다. 예를 들어 일반의 자격증만 있는 경우 피부과, 이비인

후과 등의 진료과목을 쓸 수 없는 것이다.

여기서 이름에 대해 한 가지 더 덧붙이자면, 일반의가 과목명을 병원 이름에 쓸 수 없는 것처럼 병원 이름에 따라 그 규모와 시설을 알 수 있기도 하다. 흔히 병상 수가 30개 이상이면 병원이라고 하고, 30개보다 적으면 의원이라고 한다. 병상 수가 100개 이상일 경우 대학병원이라 한다. 의료법에 의하면 의원급 의료기관은 의사, 치과의사, 한의사가 입원이 아닌 통원을 위주로 하는 환자를 상대로 치료 행위를 하는 곳을 말한다. 즉 우리가 ○○의원, 치과 의원, 한의원이라고 부르는 곳들이다.

병원은 통원보다는 입원 환자들을 위주로 의료 행위를 담당한다. ○○병원, 한방병원, 종합병원, 요양병원 등이 이에 해당한다. 병원은 다양한 과가 종합적으로 존재할 수 있기 때문에 특정 과를 병원 이름에 넣지 못한다. 다만 전문병원으로 지정을 받았을 경우에는 ○○여성 병원, ○○척추 전문 병원처럼 이름을 붙일 수 있다. 이때 과목을 붙인 병원을 운영하기 위해서는 일반의가 아닌 전문의 자격을 갖추어야 한다.

전문의는 의사 면허를 취득한 후 인턴(1년), 레지던트(4년) 생활을 한 후에 받을 수 있다. 보통 일반의보다 5~6년 정도 더 병원에서 실습한 사람들이고 전문의 자격시험에도 합격을 해야 한다. 전문의가 되기 전 인턴과 레지던트로 수련을 하며 환자를 직접 응대하는 사람들을 전공의라고 하는데 전공의 과정을 마치고 시험을 봐야 비로소 전문의가 된다.

예를 들어 '김준호'라는 사람이 의대 과정(6년)을 마치고 국가고시에 합격을 하면 '김준호'는 일반의로서 병원을 열 수 있다. 만약 '김준호'가 피부과를 열고 싶은 사람이라면 일반의로서 개원하는 피부과는 '○○의원 ○○진료과목 피부과'로 표기해야 한다.

하지만 '김준호'가 일반의 자격을 획득한 후 종합병원에서 인턴, 레지던트를 거쳐 피부과 전공의로 보내고 전문의 시험에 합격하면 '김준호'는 피부과전문의가 된다. 이때 자신이 병원을 차리면 ○○피부과 의원' 혹은 ○○피부과 병원'이라는 명칭을 쓸 수 있다.

의사가 되려면 어떻게 공부해야 할까?

현재 의대에 입학을 하기 위해서는 최상위권의 성적을 지녀야 한다. 특히 이과에서 진학이 가능하기 때문에 수학과 과학에 집중해야 하지만 영어와 국어, 특히 논술도 소홀히 해서는 안 된다. 영어의 경우 어차피 의대에 진학해서 배우는 대부분의 의학 용어가 영어이기 때문에 본과 공부전에 최대한 많은 단어를 익히는 것도 필요하다.

매년 치러지는 시험의 성격에 따라 달라지겠지만 대부분의 의대는 국어, 수학(기하 혹은 미적), 과탐에서 최대 2문제 이상 틀리면 지원이 힘들어진다. 수시 전형도 있기는 하지만 대부분 수시에도 수능 최저 등급을 제시하고 있기 때문에 수능 점수를 무시할 수 없다. 모의고사에서 1등급이 나와야 의대를 진학할 가능성이 높아진다.

보통 의대를 목표로 할 경우 빠르면 초등학교 때부터 늦어도 중학생 때부터는 목표를 정하고 공부하는 경우가 많다. 이과에서도 전국에서 최상위 성적을 꾸준히 유지해야 의대 합격 가능성이 높아진다. 특히 수학, 과학, 영어 및 문해력 확장을 중심으로 한 국어를 집중적으로 공부했다는 통계가 많다.

만약 문과이면서 의학계열로 진학하고 싶다면 일부 학교에 인문계 학생이 지원할 수 있는 전형이 있으니 이를 활용하면 된다. 현재 이화여자대학교, 순천향대학교 등이 인문계를 따로 선발하거나 통합 선발을 하고 있고, 원광대 치대 역시 인문계와 자연계를 각각 선발하고 있다(2021년 기준). 약대의 경우 이화여자대학교, 삼육대학교, 인제대학교가 문과를 선발하는데 이화여자대학교는 제약학과만 문과 선발의 기회를 주고 있다. 대학의 입시 정책은 언제든 바

뛸 수 있기 때문에 꼭 의학 계열로 진로를 가고 싶다면 변수를 기대하기보다는 전통적인 방법을 택하는 것이 안전하다.

특히 문과 이과 통합 선발을 하는 학교들의 경우 수능은 거의 만점을 받아야 하고 이과에게 주는 가산점까지 고려해야 하기 때문에 사실상 몹시 힘든 과정이다.

또 다른 생명을 치료하는 의사들

1) 수의사

수의사는 말 그대로 사람이 아닌 동물을 치료하는 의사이다.

반려 동물의 종류와 숫자가 날이 갈수록 늘어나고 이들이 가족처럼 대우받는 시대에 점점 더 각광받는 직업 중 하나가 바로 수의사이다.

특히 집에서 키우는 개나 고양이, 새, 변온 동물뿐 아니라 가축과 야생동물까지 수의사의 영역은 인간 외의 모든 동물에게 뻗어 있다 해도 과언이 아니다.

우선 수의사가 되려면 국내 대학교의 수의학과를 전공하고 졸업해서 학위를 받아야 한다. 우리나라의 경우 2021년 현재 전국에 수의학과가 있는 대학교가 10곳이기 때문에 경쟁률이 꽤 높은 편이다.

수의대에 진학하면 수의예과 2년, 본과 4년을 합쳐 6년 동안 공부를 해야 한다. 처음 2년은 사람 의사와 마찬가지로 각종 의학의 기초를 배우게 된다. 이후 본격적으로 동물에 대해 배우는 본과 4년을 거친 후 국가고시를 봐서 자격증을 취득해야 한다.

수의사의 경우 과거에는 주로 동물들의 질병 치료를 담당했지만 자연환경에 대한 경각심이 높아지고 환경에 대한 위기의식이 높아지는 요즘은 오히려 동물 보호, 생명과학 연구 쪽으로도 범위가 많이 확대된 상태이다.

수의사도 임상수의사와 비임상수의사로 나누어진다. 임상수의사는 우리가 일반적으로 동물병원에서 만날 수 있는 치료를 담당하는 의사들이다. 물론 임상수의사가 개나 고양이처럼 작은 동물만 다루는 것은 아니다. 소, 돼지, 말, 양 등의 가축이나 동물원의 야생동물까지 다양하게 아우른다.

비임상 수의사는 연구 쪽에서 다양한 동물진료기술을 개발하거나 동물 개체 보존 및 기타 연구를 진행하는 의사를 말한다.

육지에 사는 동물을 연구하고 치료하는 의사를 수의사라고 한다면 물에 사는 생물을 전문적으로 치료하는 의사도 있다. 바로 수산질병관리사이다.

수산질병관리사는 수산생명의학과를 졸업하고 역시 국

가자격증을 획득해야 하는 전문 직업이다. 아직까지는 1년에 40여 명밖에 배출되지 않아서 넓디넓은 해양생물의 세계에 비해 그 인원이 많은 편은 아니다. 바다 생물에 대한 연구가 부족하고 여전히 바다에 대해 인류가 모르는 것이 무궁무진하다는 점을 고려하면 앞으로 연구하고 공부해야 할 범위가 많은 분야 중 하나임이 분명하다. 수산생명의학과에서는 수산생물에 대한 전반적인 지식 외에 다양한 수산생물의 질병에 대한 공부, 진료 방법 연구 등이 함께 이루어진다. 자연에 살고 있는 수산 생물뿐 아니라 인간이 먹기 위해 인공적으로 양식을 하는 곳, 아쿠아리움 등에서도 절대적으로 필요한 의사이다.

수산질병관리사는 해양수산부에서 면허를 발급하며 현재 우리나라에는 이를 위해 공부할 수 있는 수산생명의학과가 총 5개 대학에만 마련되어 있다.

2) 나무의사

수의사만큼이나 앞으로 유망한 의사 중 하나가 바로 식물의사, 나무의사이다.

식물의사는 넓게는 식물의 건강을 다루는 사람이라고 생각하면 된다. 보통 농생물학과나 식물의학과를 졸업해서 식물보호산업기사, 식물보호기사 등의 자격증을 따면 이후 나무의사 자격증을 획득할 수 있는 기회가 주어진다.

식물보호산업기사, 식물보호기사 같은 자격증 역시 국가자격증이기 때문에 시험을 보기 위한 자격을 갖춰야 한다. 원예과, 화훼원예과, 농(업)생물학과, 농화학과 등을 졸업하거나 동일 직무에서 4년 이상 업무를 수행한 경험이 있어야 지원할 수 있다.

이렇게 자격증을 획득하면 양성기관에서 교육을 이수한 후 한국임업진흥원에서 시행하는 나무의사 시험에 응시할 수 있다.

나무의사가 하는 일은 수목의 피해를 살피는 게 우선이다. 나무가 왜 아픈지, 어떤 해충에 영향을 받았는지를 살피고 이를 예방하거나 치료하는 활동을 하게 된다. 일반적인 수목치료자와는 다른데 나무의사가 진단, 처방, 예방, 치료를 모두 할 수 있다면 수목치료자는 나무의사의 진단과 처방에 따른 예방과 치료만을 할 수 있다.

* 101쪽~118쪽에서 입시 관련 내용은 2021년 12월을 기준으로 작성한 것이다. 입시 정책은 해마다 바뀌므로 이를 잘 확인하여 적용하기 바란다.

한의사가
되는 방법

한의사가 되려면 어떻게 해야 할까?

한의사는 한의학을 기반으로 다양한 한방의료기술을 가진 의사를 말한다. 기본적으로 양방 의사와 마찬가지로 한의대 6년을 보낸 뒤에 자격시험에 합격해야 한의사가 될 수 있다.

한의대 입학하기

한의사가 되려면 먼저 한의대를 가야 한다. 우리나라에는 한의대가 총 12개(2021년 기준) 있다. 한의학은 서양 의학과는 다르게 환자의 얼굴색, 호흡, 맥박 등을 기준으로 진료를 한다. 크게 침술, 뜸, 추나, 약침 등으로 치료를 하는데 기계가 아닌 의사의 능력과 관찰로 환자를 더 많이 살펴봐야 해서 그만큼 더 섬세한 노력이 필요하다.

2000년부터는 한의사도 전문의 과정이 생겨서 양방 의사처럼 과를 정해서 전문화할 수 있게 되었다. 먼저 한의대에서 6년간 공부를 마친 후 인턴(1년), 레지던트(3년) 과정을 마쳐야 한의사 전문의 자격증을 위한 국가고시에 응시할 수 있다.

전문의 분야는 총 8가지로 한방내과, 한방소아과, 한방부인과, 한방신경정신과, 한방안·이비인후·피부과, 한방재활의학과, 침구의학과, 사상체질과이다.

보통 한의예과 2년, 한의학과 4년, 총 6년을 거쳐 국가고시에 응시하면 한의사 자격증을 딸 수 있고 이후 인턴과 레지던트를 거치면 한의사전문의 자격증을 딸 수 있다.

한의학전문대학원에 입학하기

한의사 역시 대학교에 진학하지 않고 한의학전문대학원에 입학하는 방법으로도 될 수 있다.

다른 분야의 학사나 석사 자격증을 획득한 후 한의학전문대학원에 입학해서 한의학 석사를 취득하면 국가고시 응시 자격이 주어진다.

단, 한의학전문대학원에 입학하기 위해서는 4년제 대학을 졸업하거나 이와 동등한 학위를 가진 사람이 한의학교육입문검사(KEET)에 합격해야 한다.

한의사 자격증을 따고 나면 한의원을 차리거나 요양 병원, 한방 병원 등에 취직할 수 있고 한의학 관련 연구소나 대학의 연구 기관에 머물 수도 있다. 혹은 1년의 인턴, 3년간의 레지던트를 거쳐 전문의가 되는 길도 있다.

한의대는 어느 학교에 있을까?

현재 국내의 한의대는 가천대학교, 경희대학교, 대구한의대학교, 대전대학교, 동국대 경주 캠퍼스, 동신대학교, 동의대학교, 부산대학교, 상지대학교, 세명대학교, 우석대학교, 원광대학교에 있다. 각 학교별로 선발하는 인원은 적게는 30명 내외에서 많게는 100명 정도인데 한의대 역시 점점 경쟁률이 높아지는 추세라 문과, 이과 할 것 없이 상위권의 성적을 유지해야 한다.

한의대 입시 정보와 공부 방법

한의대의 경우 문과 이과 통합으로 모집하거나 이과만 뽑는 학교도 있어 이 역시 문과보다는 이과가 좀 더 유리하다. 특히 한방도 의학 분야이기 때문에 학교에 들어가서 생물, 화학을 바탕으로 한 과목이 많아 문과보다는 이과가 유리한 부분도 있다.

일반 의대와 다른 점은 영어 외에도 한자 능력이 중요하다는 부분이다. 아무래도 한의학이 중의학과 접점이 많고 남아 있는 자료도 한자로 되어 있다 보니 이를 참고하기 위해서라도 한자를 읽고 독해하는 능력이 필요하다.

때문에 일찍부터 한의학으로 진로를 정했다면 제2외국어를 중국어로 한다든가 꾸준히 한자를 공부하는 것이 입시 후 합격하고 나서 공부할 때 도움이 된다.

오래된 의학을 계승한 사람들

동종요법이나 허브요법은 의술로 정식 인정을 받은 분야가 아니다.

동종요법은 인체에 비슷한 증상을 일부러 유발시켜서 치료하는 방법이다. 이는 히포크라테스 시대부터 내려온 질병의 치료 방법으로 1790년대에 독일 의사인 사무엘 하네만(1755~1843)이 발전시킨 '치료 방법' 중 하나이다. 일정 부분 생명체의 지면 치유 능력에 의지하는 방법으로써 서양 의학이 증상을 없애거나 억누르고 부족한 것을 보충하는 것을 위주로 한다면, 동종요법은 자연에서 얻은 재료로 병 상태와 비슷한 증상을 서서히 유발해서 스스로 치료하는 능력을 갖추게 하는 것이다. 정식 의학이 아닌 대체의학으로 구분되며 그 효능과 효과에 대해서는 더 많은 연구가 필요하다.

허브요법도 마찬가지이다. 이미 기원 전 1500년 전부터 700개가 넘는 허브 요법을 썼다는 기록이 있을 정도로 오래된 의학 요법이지만 이 역시 공인된 것은 아니다. 다만 한의학에서도 한약재(허브 등)를 활용하는 것으로 보아 효과에 대한 부분을 무시할 수 없는 것도 사실이다.

특히 중세 시대 때 페스트, 천연두, 콜레라 등의 전염병이 창궐했을 당시, 의사들은 환자를 치료하는 데 허브를 많이 썼다. 지금도 남아 있는 당시 의사의 모습을 그린 그림을 보면 온통 까만 옷을 입고 장갑을 낀 후 새 부리처럼 생긴 가죽으로 만든 가면을 쓴 것을 볼 수 있다. 이 부리 안에 각종 허브를 넣었다고 한다. 지금도 항균, 항염 효과가 있다고 알려져 있는 계피, 클로브, 페퍼민트 등의 허브를 넣어서 병균이 호흡기에 침입하지 못하게 한 후 페스트, 천연두, 콜레라 등의 전염병이 걸린 환자를 대했다고 하니 허브에 대한 의학적 효과를 믿었던 셈이다.

이처럼 아로마를 활용한 각종 대체의학 분야도 허브 요법 중 하나이지만 현재 이들 방법을 오롯이 질병 치료에 쓰는 것은 아니고 보완적인 의료 방식으로 활용하는 것이 보통이다.

예를 들어 약물이나 주사 치료가 너무 힘들어 괴로울 때

마음을 안정시키는 허브차를 마시거나 향기로 스트레스를 완화하는 등의 보조적인 방식으로 대부분 활용한다. 때문에 이들 요법을 쓰는 사람들을 의사라고 부르지는 않고 이들이 하는 것도 의료 행위에 들어가지는 않는다. 다만 동종요법이나 허브요법이 역사적으로 가장 오래된 '의료 행위'의 원형이라는 것은 부정할 수 없는 사실이다.

*   119쪽~124쪽에서 입시 관련 내용은 2021년 12월을 기준으로 작성한 것이다. 입시 정책은 해마다 바뀌므로 이를 잘 확인하여 적용하기 바란다.

어디까지가 의학일까?

의학의 범위에는 단순히 사람을 치료하는 것만 포함되어 있지 않다. 투약, 수술과 같은 임상의학뿐 아니라 해부학, 미생물학, 기생충학 등을 포함한 기초의학, 그리고 사회환경 변화가 신체에 주는 변화를 살피는 사회의학 등이 포함되어 있다.

이들 의학은 주로 서양에서 발전되어 온 의학의 역사를 기준으로 한다. 이미 고대 이집트에서는 봉합 수술, 뇌 수술을 했다는 기록이 있다. 고대 그리스의 의학은 이후 이슬람과 유럽 전반으로 퍼져 현재 서양 의학의 기초를 만들었다.

특히 유럽의 자연주의 사상은 과학을 바탕으로 의학 발전에 큰 도움을 주었다.

인체를 과학적으로 이해하기 위해 해부가 발달했고, 세포와 미생물, 균 등을 현미경으로 관찰하면서 중세 시대까지 질병을 주술이나 종교적인 믿음으로 치료하던 것이 보다 과학적으로 변할 수 있었다. 과학이 발달하면서 원인을 알 수 없었던 다양한 질병의 원인을 알아낼 수 있게 된 것이다. 이 시기에 백신과 전염병 예방 기술이 함께 발전한 것은 물론이고 과학과의 연결을 통해 다양한 진단 기기들도 발명되었다.

우리가 현재 의학의 범위 안에 두고 있는 것은 이렇게 서양에서 과학과의 융합을 중심으로 발전해 온 의학을 말한다. 그리고 이러한 기존 의학의 치료 범위에 속하지는 않지만 오랜 시간 경험적으로 효과가 있다고 믿어온 치료법을 대체의학 또는 보완의학, 보완대체의학이라고 분류하고 있다.

대체의학은 과학적인 근거는 기존 의학보다 부족하지만 임상적인 효과는 기대해 볼 수 있는 분야로써, 동종요법이나 자연요법이 여기에 속한다.

대체의학은 각 나라별로 법으로 인정하는 범위가 다르다. 우리나라의 경우 한의학은 대체의학이 아니며 미국은 정골의학*이 대체의학이 아니다. 반면 우리나라에서는 접골사, 침사, 구사(뜸 놓는 사람)가 한때 의료 유사업자였으나 현재는 의료인으로 인정하지는 않는다.

동종요법은 식물, 동물, 광물 등에서 얻은 재료를 약으로 쓰는 것이고 비슷한 영역으로 아로마테라피가 있다.

아로마테라피 역시 법으로 인정한 의학 분야는 아니지만 식물이 가진 고유의 향기와 내제된 약효를 이용하여 신체의 향상성을 높이는 일종의 자연치유요법으로 활용되고 있다.

약초를 이용한 치료는 동서양 할 것 없이 아주 오래 전부터 있어 왔으며 우리나라의 한의학에서도 식물에 있는 약성을 이용한 한약, 약침 등을 쓰고 있다. 가장 간단하게는 우리가 마시는 다양한 꽃차, 식물의 잎을 말려서 우려 마시거나 곡식을 끓여 먹는 것도 일종의 아로마테라피라고 할 수 있다. 다만 생활 안에서 자연스럽게 해온 것이기 때문에 이를 의학 행위와 연관 짓지 않을 뿐이다.

서양의 아로마테라피는 다양한 허브에서 추출한 오일을 주로 활용하는데 직접 바르거나 먹거나 물과 함께 끓여 증

● 근육과 뼈를 물리적으로 제자리에 집어넣는 의학.

기를 마시는 등의 다양한 방법으로 신체에 흡수시켜 각 오일이 가진 고유의 효능이 인체에 영향을 주는 것을 기대하는 치유 요법이다. 일상에서도 흔히 쓰이고 특히 일반 의학의 보조 치료요법으로 활용되기도 한다.

이는 향이 단순히 코에서 감정만 조율하는 것이 아니라 뇌의 변연계에 영향을 주면서 각종 호르몬 분비 조절에 관여하기 때문이다. 최근에는 아로마테라피 등의 자연요법 역시 광범위하게 치료에 도움을 주는 의학의 보조적 수단으로 인정하는 추세이다. 특히 심리적인 문제나 통증을 완화하는 데 아로마테라피를 많이 쓰는데 가장 대표적으로 쓰이는 아로마는 다음과 같다.

- 우울할 때: 네롤리, 재스민, 로즈우드, 프랑켄센스, 베르가못
- 불안할 때: 멜리사, 라벤더
- 통증: 진저
- 피곤할 때: 레몬, 만다린, 로만카모마일
- 코가 막히거나 두통이 올 때: 유칼립투스, 페퍼민트
- 집중하고 싶을 때: 로즈마리

3장
의사로
살아간다는 것

의사라는 직업의
좋은 점

생명을 다루는 고귀한 직업

의사라는 직업이 보람된 지점은 바로 생명을 다루는 고귀한 직업이라는 것이다. 생명이 있는 것은 당연히 질병과 죽음에서 자유로울 수 없다. 그 고통스러운 시간을 좀 더 편안하고 빠르게 지나갈 수 있는 방법을 제시하고 치료를 하는 것이 의료인의 역할이다.

또한 생명이 있는 것들의 몸을 연구하고 혹시나 발견되지 않은 질병을 미리 알아내서 예방하거나 현재 있는 치료법을 발전시켜 더 편안하게 살 수 있는 방법을 연구하는 것도 역시 의료인이 할 일이다. 이에 의사라는 직업은 생명과 직접적인 연관이 있기 때문에 부담감과 책임감도 큰 반면 그만큼 보람도 큰 직업이라 할 수 있다.

미지의 영역을 탐구하는 기쁨

많은 질병이 알려져 있고 다양한 수술법과 의약품이 나와 있음에도 불구하고, 인류는 아직 '감기'조차 완벽하게 예방하고 치료하는 방법을 찾지 못했다. 또한 뇌를 비롯한 인체에는 여전히 풀어야 할 비밀이 많다. 우리 몸에 영향을 주는 다양한 요소들도 여전히 밝혀지지 않은 것이 많다.

지금까지 대략 100만 종의 미생물이 밝혀졌는데 그중 약 1400여 종만 사람에게 영향을 주고 질병을 준다고 알려져 있다. 하지만 이 역시도 앞으로 얼마큼 그 수가 늘어날지 줄어들지는 알 수 없다.

우리 몸에 존재하는 세포는 약 30조 개에 가깝다고 한다. 그 세포가 모두 제각각 어떤 역할을 하는지는 아직 제대로 밝혀진 바가 없는 데다, 각 세포에 포함된 유전자의 비밀도 다 풀지 못했다. 몸 전체 무게의 2%를 차지하는 뇌지만 뇌가 우리 신체를 제어하는 비밀은 여전히 인류가 풀어야 하는 숙제이다. 기억은 무엇인지, 우리 손은 왜 부드러운 것과 날카로운 것을 다르게 느낄 수 있는지, 상상력은 어디에서 오는 것인지, 치매라는 질병은 어떻게 발생하고 왜 치료가 어려운지 등 여전히 밝혀야 할 분야가 무궁무진하다.

단 한 번도 쉬지 않고 움직이는 심장에 대한 비밀, 아프면 왜 열이 나는지에 대한 비밀, 밝혀지지 않은 다양한 바이러스에 대응하는 몸의 반응 등 의학 분야는 이미 밝혀진 것보다 알아내야 하는 게 훨씬 많은 분야이다. 때문에 인류가 '삶을 사는' 동안에는 이 미지의 영역을 탐구할 수많은 의학자가 필요하다. 의사는 현장에서 혹은 연구자의 입장에서 이렇게 밝혀지지 않은 세계를 들여다볼 수 있는 매력적인 직업이다.

새로운 것을 찾을 수 있는 기회

우리에게 이미 익숙한 페니실린, 수술, 아스피린, 당뇨, 진통제, 마취 등의 개념이 없던 시절이 있었다. 혈액형이 다르다는 것도, 그래서 서로 주고받을 수 있는 피가 다르다는 사실을 알게 된 것도 인류의 역사로 살펴보면 그다지 오래된 것이 아니다.

의사들은 아직 알려지지 않은 신체의 신비를 가장 먼저 찾을 수 있는 기회에 노출된 직업이다. 다양한 비타민의 종류와 이 비타민이 건강에 미치는 영향을 발견한 것도, 다른 질병을 위해 썼던 약이 오히려 또 다른 질병에 생각지도 못한 효과를 발휘한다는 것을 알아내는 것도 다 의사와 의료계 종사자들이 이룬 업적이다.

이처럼 의사라는 직업은 새로운 것들을 찾아낼 수 있는

다양한 기회에 노출되어 있다. 특히 생명과 건강에 관련된 새롭고 고마운 요소들을 찾아낼 기회가 많다.

의사로서
힘들 때

생명과 관련된 일에서 오는 갈등

의사는 생명을 살리는 동시에 죽음과 가장 가까이 있는 직업이기도 하다. 치료하는 환자가 건강하게 회복하는 경우도 있지만 죽는 경우도 생기기 때문이다.

사실, 죽음은 생명이 있는 존재라면 누구나 공평하게 맞아들여야 하는 절차이다. 한 철학자는 우리가 살아가는 모든 과정은 좋은 죽음을 향해 가는 길이라고 말했는데 이처럼 생명이 있다면 그 끝은 반드시 죽음이다.

다만, 의사의 역할이 그 죽음으로 가는 과정을 지연시키거나 덜 고통스럽게 해주는 것이다 보니 당연히 노력과 애정을 기울여 돌본 환자가 죽음에 이르렀을 때 상실감과 아픔이 클 수밖에 없다. 생명을 다루는 직업의 무게를 고스란히 감당해야 하는 것이다.

체력적, 정신적 한계

의사라는 직업은 체력적으로도 정신적으로도 에너지 소모가 큰 직업이다.

정교한 수술의 경우 10시간 이상을 꼬박 집중해서 해야 하는 경우도 생긴다. 게다가 조금만 실수해도 한 생명을 잃을 수 있기 때문에 그 시간 내내 긴장을 늦출 수 없고 실수도 해서는 안 된다. 고도의 체력과 정신력이 필요한 것이다.

환자의 종류와 증상이 모두 다르기에 각 환자에게 맞는 처방과 치료를 실수 없이 해야 하는 데다가 환자 수에 비해 의사 수가 턱없이 부족하기 때문에 매시간 체력적인 한계와 부딪히며 일해야 한다. 아픈 사람을 마주하면서 쏟아야 하는 정신적 에너지 소모도 상당하다. 또한 환자 보호자를 대하는 것도 정신적, 체력적인 노력이 필요하다.

이처럼 의사는 자기의 삶보다는 다른 사람들의 삶을 살피는데 시간과 노력을 더 많이 쏟아내야 하는 직업이다. 그래서 희생과 봉사정신이 없다면 어려운 직업이기도 하다.

기술적인 한계

의술은 매순간 발전한다. 똑같은 자리를 수술하더라도 3

년 전에 수술한 사람이 20센티미터의 흉터가 남았다면, 최근 수술한 사람은 1센티미터의 흉터만 남기고 수술할 수 있다. 미래에는 아예 흉터 없이 점 하나 남을 수도 있다. 수술에 필요한 다양한 기술과 기구가 하루가 다르게 발전하기 때문이다.

반면 앞에서 말했던 것처럼 여전히 풀지 못한 질병의 비밀, 인체의 신비 등 풀어야 할 문제가 많이 남아 있다. 그래서 아픈 곳을 알면서도 기술적인 한계가 존재하고 방법이 없어 치료하지 못하는 질병도 있고 질병의 종류조차 파악하지 못하는 경우도 있다.

여전히 의학 분야에 대한 연구가 필요하고 의사도 꾸준히 공부를 계속해야 하는 이유가 여기에 있다.

그래서 의사들은 지금 이 순간에도 자신이 하는 수술의 방법을 좀 더 고도화시키는 연구를 하거나 각종 세미나, 해외 연수 및 협력을 통해 기술적인 한계를 이기기 위한 노력을 하고 있으며 기초의사들 역시 약물 개발 등을 통해 의약품을 꾸준히 개선하고 있다.

다양한 의사들의
모습

드라마나 영화 속 의사들

의사라는 직업은 우리가 일상에서 가장 흔하게 만날 수 있다. 아프면 병원을 가고 병원에 가서 만나는 사람이 의사이기 때문이다.

물론 환자의 입장으로 만나는 것이기 때문에 그들의 삶과 고민 노력과 생활상을 면밀하게 알기는 어렵다. 이럴 때는 간접적으로 드라마나 영화를 통해 그 세계를 들여다 볼 수 있다. 특히 의사의 경우 '메디컬 장르'가 형성되어 있을 만큼 다양한 작품에서 그 모습을 만날 수 있다.

다만, 드라마나 영화 속에서는 극중 상황을 꾸미기 위해 현실보다 좀 더 과장되게 표현하거나 미화시키므로 '의사는 정말 저렇구나'가 아닌 '저런 모습이 있을 수도 있구나'

하는 마음으로 작품 속 의사의 삶을 들여다보는 것도 좋겠다.

1) 드라마에서 만난 의사들

우리나라 드라마 중 의사를 소재로 한 작품은 상당히 다양하다. 단순히 의사가 주인공인 드라마도 있고, 의사 직업을 가진 주인공이 타임 슬립을 통해 다른 시대로 가는 이야기도 있다. 그리고 우리나라의 명의이자 《동의보감》을 지은 허준을 주인공으로 한 대하드라마도 몇 작품이 있다.

그중 의사와 의학에 집중해서 이야기를 풀어낸 의학 드라마로는 〈하얀 거탑〉, 〈골든 타임〉, 〈브레인〉, 〈낭만닥터 김사부〉, 〈뉴하트〉, 〈닥터스〉, 〈슬기로운 의사생활〉 등이 있는데 의사들이 하는 고민, 용어, 각 분야에 대한 이야기가 궁금하다면 작품을 찾아보기를 권한다. 병원선이나 교정시설교정시설 안의 공중보건의사 내용을 다룬 〈병원선〉, 〈닥터 프리즈너〉 등을 통해 그들이 하는 일을 일부 들여다볼 수도 있다. 외국 드라마는 국내 드라마보다 좀 더 분량이 많은 편이다. 국내와는 환경도 좀 다르고 쓰는 용어나 환자를 응대하는 법, 병원 내의 상황도 차이가 있지만 의사라는 직업이 갖는 고충이나 보람, 하는 일은 거의 동일하다. 〈그레이 아나토미〉, 〈뉴 암스테르담〉, 〈굿닥터〉, 〈닥터

하우스〉, 〈ER〉 등이 유명한 해외 의학 드라마이다.

2) 영화에서 만난 의사들

드라마 속 의사들이 현실적이라면 영화는 그보다 재미와 상상을 더한 의사들이 많이 등장한다. 물론 실존했던 인물인 패치 아담스를 소재로 한 동명의 영화 〈패치 아담스〉나 의사가 직접 저술한 책을 기반으로 만들어진 영화 〈닥터〉 등은 실화를 바탕으로 한 영화이기 때문에 의사의 삶과 고민 등을 사실적으로 표현했다. 의사의 삶보다는 이후의 영웅적인 내용이 좀 더 주된 줄거리를 차지하기는 하지만 〈닥터 스트레인지〉 역시 초반에는 의사의 삶을 볼 수 있는 영화 중 하나이다.

반면에 수의사를 소재로 한 〈닥터 두리틀〉 같은 영화는 동물의 말을 알아들을 수 있다는 상상으로 만들어진 영화이다. 수의사에 관심이 있다면 시리즈로 나온 이 영화를 추천한다.

연구소에서 일하는 의사들
1) 바이러스를 연구하는 사람들

의사 중에는 실제로 환자를 대하고 수술과 치료를 하는 임상의사 외에 연구를 중심으로 의학을 다루는 연구의사도 있다. 보통 기초의사라고 하며 생화학, 해부학, 생리학, 기생충학, 면역학, 분자생물학, 예방의학, 약리학, 미생물학 등을 전공하고 이에 대한 교육과 연구에 종사하게 된다.

만약 처음부터 의대에 진학하지 않았더라도 생명과학부 등에서 생물학, 미생물학, 생화학 등을 전공하고 이를 바탕으로 한 의사가 되고 싶다면 의학전문대학원에 진학하면 된다.

2020년 기준, 노벨 생리의학·의학상을 받은 수상자들을 예로 들어보자. 하비 J. 올터(1935~) 박사는 의학박사 학위를 받은 후 연구원 겸 의사로 일을 하다 C형 간염의 치료와 예방에 공을 세워 수상자로 선정되었고, 마이클 호턴(1949~) 박사는 의사는 아니지만 면역학 교수로 재직하면서 간염 연구에 함께 공을 세웠다.

찰스 M. 라이스(1952~) 박사 역시 연구원으로 일하면서 록커펠러 대학교의 교수를 맡고 있는데 의사는 아니지만 연구하는 학자로서 공을 세워 노벨상을 받게 되었다.

이처럼 사람의 질병을 치료하는 데는 의사뿐 아니라 의학이라는 분야에 다양한 방법으로 크고 작은 영향을 끼치는 과학자들과 해당 분야가 필요하다.

2) 질병이 퍼지기 전, 예방을 위해 애쓰는 사람들

2020년 9월, 유례없는 코로나 19의 창궐로 질병관리청이 수립되었다.

물론 그전에도 감염병의 총괄 대응, 질병의 예방관리, 보건의료 관련한 연구와 개발, 만성질환이나 희귀질환의 예방과 관리 등을 하는 기관은 존재했다.

질병을 관리하는 기관의 시작은 1894년 설치된 위생국이다. 고종의 명령으로 만들어진 이 기관은 이후 국립보건연구원, 국립방역연구소, 국립화학연구소, 국립생약시험소 등과 통합되어 국립보건원이 되었다. 이후 2015년 메르스 사태를 겪으며 기관으로 격상되었고 코로나 사태를 통해 질병관리청이 되었다.

'본부'에서 '청'이 되면서 독립된 중앙행정기관이 되었고 전문성과 독립성이 강화되어 보다 빠르게 예방과 대응을 할 수 있게 되었다.

보통 질병관리청에서는 감염병에 대한 위기대응분석, 감염병 조사, 감염병의 정보를 통한 유행 예측 등을 시행하며 감염병이 발생, 유행하면 365일 24시간 감시하는 종합상황실도 운영한다.

이렇게 감염병 관리뿐 아니라 각종 백신의 수급을 담당하는 의료안전예방국, 기후변화나 미세먼지, 흡연 및 음주 등에 의해 발생하는 질병에 대응하는 건강위해대응, 만성질환 및 희귀질환을 담당하는 만성질환관리국 등이 소속되어 있다.

새로운 것을 개발하는 의사들

의사이면서 기술 융합을 통해 새로운 것을 개발하는 의사들도 있다. 특히 과학기술이 발전하면서 수술법이나 수술도구, 의약품도 함께 발전하고 있는데 이들 분야에서는 의사의 역할이 필수다. 실제로 개발된 것을 활용하는 사람이 의사이기 때문이다.

실제로 디지털 기술을 활용해 직접 치료 프로그램을 개발하는 의사들도 있다. 이 경우 소프트웨어 및 하드웨어 전문의 공학자들과의 협업이 필요할 수도 있고 더 나아가서는 게임 개발자가 필요한 경우도 있다. 질병에 따라서는 환자가 노력하는 부분도 필요한데 의술 이후의 재활 프로그램을 게임처럼 만들어서 제공해야 할 수도 있기 때문이다.

그래서 질병에 대해 제일 잘 아는 의사들이 지금도 다양한 연구기관에서 기술과 지식을 융합한 프로그램을 개발하기 위해 노력하고 있다.

봉사하는 의사들

1) 전쟁터도 두려워하지 않는 사람들

군대에도 의사가 있다. 바로 군의관이다.

군의관은 의사 자격을 가진 사람이 군대에 가야 할 때 군의학교에서 일차적인 군사교육을 수료하고 부대나 군 병원에 배치된 사람을 말한다.

부대에 배치된 사람은 일종의 응급의학과의사처럼 부대 내의 건강관리 등을 살피게 되고 군 병원에 배치된 군의관은 일반 종합병원처럼 전문 진료를 하게 된다.

군인들이 치료를 받아야 할 경우 국군병원으로 이송이 된다. 국군병원은 1948년 육군병원 창설 후 현재 총 13개가 운영되고 있다.

각 군에서 군의, 치의, 간호, 의정, 수의의 5개 병과에서 파견되는 의무장교와 일반 병사, 군무원이 근무하며 일반 병원과는 달리 소아과는 없고 그 외 다른 과는 민간종합병원과 비슷하게 운영되고 있다.

2) 차별 없는 의술을 위해

전쟁은 여전히 세계 곳곳에 존재한다. 전쟁뿐 아니라 기근과 자연재해 역시 인류의 안전을 위협한다. 이런 상황에서 국가가 다르고 인종이 다르고 이념이 달라서 누군가 치료를 받지 못해 목숨을 잃는 일이 없도록 활동하는 의사들이 있다. 바로 '국경 없는 의사회' 의사들이다. 국경 없는 의사회 병원은 분쟁 상황에서도 어느 한 편에 서지 않고 중립적인 활동을 한다. '국경 없는 의사회'를 설립한 베르나르 쿠슈네르(1939~)는 "환자가 있는 곳으로 간다."라는 이념으로 설립되었다. 1971년에 의사, 간호사, 직원 등 300여 명이 지원해 활동하기 시작했다. 첫 활동은 1972년 니카라과의 수도 마나과에서 발생한 지진으로 집과 가족을 잃은 난민들을 돕는 일이었다. 이후 지금까지 체계를 갖추어가며 약 70개국에서 인도적 의료 지원을 하고 있다.

우리나라에도 '차별 없는 의술'을 전파하기 위해 노력했던 의사가 있다. '수단의 슈바이처'라 불렸던 故이태석 신부이다. 의사이면서 신부였던 그는 2001년부터 2008년까지 현 남수단(당시 수단)의 톤즈라는 지역에서 손수 병원을 짓고 그곳에서 한센병, 결핵 환자 들을 보살폈다. 병이 걸린 사람들을 치료하는 것은 물론 예방을 위해 오지 마을을 돌아다니며 이동 진료를 했고, 의술이 병을 치료하는 것에 그치지 않고 삶을 살 수 있도록 해주는 것이라 생각해서 학교를 지었다. 젊은 세대들이 건강하고 자립적으로 살 수 있도록 터전을 마련해주는 것이 중요하기에 학교에 아이들을 모으고 수학과 음악을 가르쳤다.

이후 2008년에 말기 암이 발병한 것을 알게 된 후 톤즈로 돌아가지 못하고 2010년에 돌아가셨는데 그의 행적과 수단에 남아 있는 흔적들을 기반으로 〈울지마 톤즈〉라는 다큐멘터리 영화가 만들어졌고, 2020년에는 그의 제자들의 성장을 그린 〈부활〉이라는 영화가 개봉했다.

크리에이터 의사들

1인 미디어가 흔해지면서 자신의 이야기를 맘껏 풀어내는 의사 크리에이터도 많아졌다.

이들 크리에이터는 보통 일반인이 궁금해하는 의사의 삶에 대한 이야기를 해주기도 하고 때로는 의학적인 의견을 전달하기도 한다. 이때 특정 의사의 의견이 반드시 옳은 것만은 아니라는 점을 유의해서 들어야 한다. 의사 역시 사람이라 개인 경험과 가치관에 의해 충분히 다른 견해를 가질 수 있기 때문에 크리에이터 의사들이 하는 이야기는 '의견 중 하나'로 받아들여 정보로 활용해야지 맹신해서는 안 된다. 간혹 이런 크리에이터 의사들이 잘못된 의학 정보를 전달해서 문제가 생기는 경우도 있기 때문이다.

하지만 일부 자극적인 콘텐츠를 만드는 크리에이터를 세외하면 의학 분야에 종사하는 크리에이터들은 대부분 제대로 된 정보 전달을 제일 중요한 요소로 여기고 있다.

의사뿐 아니라 간호사, 간호조무사, 약사, 치료사 등 의료 분야에 종사하는 다양한 사람이 자신만의 채널을 개설하고 활동하고 있으며 최근에는 병원에서 자체 홍보용으로 의사를 통해 올바른 지식을 전하기 위해 영상을 활용하기도 한다.

일반인들이 궁금해하는 점을 모아 알려주는 전문적인 의사 유튜버들의 경우 일반인들이 잘못 알고 있는 의학 상식을 바로잡아주거나 섣불리 두려움을 가지고 있는 부분에 대한 오해를 풀어주고 있다. 정확한 의학 지식을 전하기 위해 노력하고 있으며 댓글 등을 통해 적극적으로 구독자와 소통하기도 한다.

그릇된 판단으로 의술을 행한 의사들

의사는 분명 사람을 살리는 사람들이다. 하지만 의사에 따라서는 자신의 의학 지식을 위해 혹은 권력에 의해 의술을 잘못된 곳에 쓴 사람도 있고 그릇된 판단으로 의술을 실행한 사람들도 있다.

그중 역사적으로 가장 유명한 사람은 오스트리아 의사 아리베르트 하임(1914~1992)이다. 그에게는 '죽음의 의사'라는 별명이 붙었다. 이는 그가 수많은 유대인을 생체실험하면서 죽음으로 몰아넣었기에 붙여진 별명이다.

2차 세계대전 당시 강제수용소에 의사로 배치되면서 유대인들을 상대로 차마 표현할 수 없는 잔인한 실험들을 했다. 전쟁 이후에는 신분을 바꿔 이집트로 망명해 숨어 살았다고 한다.

한편 미국의 잭 케보키언이라는 의사는 환자가 죽음을 원해서 도와주었다고 주장을 하며 130여 명을 안락사시켜 '죽음의 의사'로 불린다. 일부 안락사가 허용되는 나라와 지역이 있기는 하지만 그럼에도 불구하고 환자가 원한다고 하더라도 주치의가 자신의 마음대로 죽음을 도와서는 안 된다.

역사에 남은 훌륭한 의사들

알렉산더 플레밍(1881~1955)은 인류 역사상 가장 많은 사람을 살린 의사로 손꼽힌다. 최초의 항생제인 페니실린을 발견한 사람이기 때문이다. 원래 그는 미생물학자이자 생명공학자로 연구하는 의사였는데 페니실린을 발견한 공로로 1945년에 노벨 생리학·의학상을 수상했다.

세균을 연구하던 중 푸른곰팡이 주변에는 세균이 자라지 않는 현상에 착안, 여기서 얻은 항생물질을 추출해서 '페니실린'이라는 이름을 붙였다. 페니실린을 발견하고 옥스퍼드 연구팀에서 그것을 정제하는 데 성공했다. 이를 통해 최초의 항생제를 완성했다.

이 페니실린 항생제를 완성한 시기가 2차 세계대전 때였다. 만약 그가 아니었다면 수많은 전쟁 부상자가 손도 써보지 못하고 목숨을 잃었을 것이다. 그가 발견한 페니실린은 지금까지도 항생제로 널리 쓰인다.

조너스 솔크(1914~1995)는 미국의 의학연구자와 바이러스 학자로 소아마비 백신을 개발했다. 그가 백신을 개발하기 전, 소아마비는 전 세계적으로 큰 골칫거리인 질병이었다. 우리나라 역시 불과 몇십 년 전까지만 해도 해마다 5000여 명이 넘게 걸리는 전염병이었다. 소아마비는 바이러스가 척수에 침범해서 사지 마비를 일으키고 이로 인해 손발을 제대로 가눌 수 없게 되는 병인데 전염성까지 있어서 큰 문제였다. 하지만 조너스 솔크가 수년간에 걸쳐 연구한 결과 백신이 완성되었다. 그 덕분에 인류가 소아마비라는 공포에서 해방될 수 있었다. 그가 존경받는 이유는 백신을 개발한 것에 그치지 않는다. 이 백신에 특허를 낼 거냐고 기자가 묻자, "특허는 없다. 태양에도 특허를 낼 건가?"라며 대중을 위한 백신에 특허를 내지 않겠다고 답했다. 그가 보여준 인류애와 희생정신을 알 수 있는 일화다.

이렇게 자신의 연구에 가치를 매기지 않고 인류를 위해 헌신한 사람은 또 있다. 바로 프레더릭 밴팅(1891~1941)이다. 그 역시 인슐린을 발견하고 당뇨병 치료법을 발견한 의사이지만 이에 대한 특허를 단돈 1달러에 넘겼다.

최근 들어 코로나 바이러스와 그 변이 바이러스가 전 세계를 강타해서 여전히 인류가 고통받고 있지만 불과 100여 년 전까지만 해도 모두를 죽음의 공포로 몰아넣었던 것은 결핵과 콜레라였다. 로베르트 코흐(1843~1910)는 임상의학자로 세균학의 바탕을 마련한 세균학자이기도 했다. 그가 1882년에 발견한 결핵균과 1885년에 발견한 콜레라균은 그동안 미지의 질병이었던 결핵과 콜레라를 치료할 수도 있다는 희망을 인류에게 주었다.

수백 년간 이 두 질병은 그 원인도, 퍼지는 이유도 몰라 '마녀나 악마가 퍼트리는 병'이라고 했다. 결핵과 콜레라가 균에 의한 것이고 전염에 의해 퍼진다는 것을 알아낸 것만으로도 큰 성과였다. 이후 투베르쿨린이라는 결핵약을 만든 것은 물론 아프리카 재귀열, 수면병 등에 관한 원인을 밝히는 등 각종 질병의 원인을 밝혀내는 데 큰 역할을 했다.

우리에게 익숙한 '헬리코박터' 균을 발견한 사람은 배리 마셜(1951~)이라는 의사이다. 그가 헬리코박터 균을 발견하기 전에는 위궤양이나 위의 통증, 속 쓰림 등이 스트레스나 맵고 기름진 자극적인 음식 등에 의해 발생한다고 여겨졌다. 때문에 구체적인 치료가 아닌 위의 산도를 낮춰주는 약을 처방했다. 위의 산도가 너무 높아 박테리아나 균이 살수 없다는 게 의사들의 견해였기 때문이다.

하지만 마셜은 생각이 달랐다. 그는 여러 환자를 검사한 끝에 위 속에 바이러스가 살고 있음을 확인하고 이를 '헬리코박터파일로리'라고 이름 지었다. 이후 이 균이 소화기 질환의 원인이라는 것을 증명하기 위해 자신이 스스로 배양한 균을 먹고 급성 위궤양을 앓았고, 이를 치료하며 치료법을 찾아냈다. 그는 이 공로로 함께 연구한 병리학자 워런과 함께 2005년에 노벨 생리학·의학상을 수상했다.

4장

의사에게 어떤 미래가
펼쳐질까?

미래 의사의
직업적 가치

미래의 의사는 어떻게 변할까

현재 의사는 발생한 질병에 대처하는 역할을 주로 한다. 병증을 치료하거나 수술을 해서 이미 발생한 질병을 없애고 증상을 가라앉히는 발생 후 대처가 주된 역할이다.

하지만 미래의 의사는 질병을 예측하고 예방하는 데 비중을 둘 것이다. 앞서 이야기한 나노의사, 노화예방의사, 유전자의사 등은 사람들이 좀 더 건강하게 살 수 있는 기반을 마련하고 미리 질병을 예방할 수 있도록 도와주는 역할이 크다. 나노의사의 경우 아직 개념만 있을 뿐 실체가 없는 의사의 영역이지만 시대의 흐름에 따른다면 반드시 기존의 의사 영역 중 중요한 부분을 차지할 진정한 미래 의사이다.

그래서 미래의 의사는 단순하게 의학적인 정보와 지식만을 가진 사람이 아니라 좀 더 폭넓은 인간에 대한 이해와 삶의 방식, 심리적인 부분까지도 종합적으로 아우르는 지식을 습득할 뿐 아니라 다양한 로봇과 기계를 다룰 줄 아는 다방면에 능한 직업인이 될 가능성이 높다.

때문에 의사가 되기 위해서는 의학 분야를 공부하기 위한 기초 외에도 IT 분야에 관심을 가지고 그 흐름을 계속 관찰하는 습관을 들여야 한다. 미래의 의사는 의료 기술뿐 아니라 다양한 기계와 인공지능을 활용한 기술도 함께 습득해야 하기 때문이다.

인류가 계속 이어지는 한 의사라는 직업은 함께 존재할 수밖에 없다. 아프고 다친 사람을 적절하게 치료할 사람은 항상 필요하기 때문이다. 특히 미래에는 우리가 지금 미처 발견하지 못하고 알지 못한 더 다양한 바이러스와 균이 나타날 수도 있고, 현재 치료 방법을 찾지 못한 질병이 더 퍼질 수도 있다. 물론 환경 변화로 인해 새로운 병이 나타날 가능성도 크다. 이런 변화에 맞춰 의사라는 직업 역시 그 기술과 범위가 확대되며 발전해나갈 것이다.

지금도 그렇지만 미래에도 의사의 직업적 가치는 결코 줄어들지 않을 전망이다.

좋은 의사가 되기 위해서

1) 공부하는 태도로 임하기

앞에서도 말했던 것처럼 의사는 생명을 다루는 직업이고 정교하고 세심해야 할 뿐더러 매 순간 완벽을 기해야 한다. 거기에 새로 나오는 다양한 정보를 빠르게 흡수하고 전 세계적으로 개발, 발견, 발명되는 신기술을 습득하기 위해서는 외국어 능력도 갖춰야 한다.

때문에 의대를 목표로 최상위권의 학습력을 유지하는 것은 물론이고 향후 의대에 진학해서 도움을 받을 수 있는 다양한 경험을 미리 하는 것이 좋다.

일반 의대의 경우 영어는 필수이며 입시 영어 외에 다양한 의학 용어들을 익숙하게 만들어 두면 도움을 받을 수 있다. 한의대는 중국어와 한자가 도움이 된다.

만약 사람을 치료하는 의사가 아닌 기초의사나 기술을 개발하는 의사에 좀 더 많은 관심이 있는 경우 의대를 졸업 후 의사 자격을 획득하는 것은 기본으로 각종 프로그래밍이나 코딩 등을 추가로 배워두면 도움이 된다.

특히 미래에 가장 주목받을 분야 중 하나인 바이오헬스 산업의 경우 의학자이면서 과학자인 인재가 많이 필요한 상황이다. 바이오헬스 산업이야말로 원천 기술을 가지고 의료기기를 제작하는 것은 물론 이를 직접 환자에 적용했을 때의 효과까지 다각도로 볼 줄 아는 사람이 필요하기 때문이다. 즉 의사도 과학자도 아닌 의사과학자의 영역은 점점 더 커질 것이고 이를 위해서는 의학 외의 타 전공에 대한 지식도 충분히 습득해야 한다.

또한 자신이 가진 의학적 지식이 환자의 치료 그 너머의 세계로 가기 위해 넓은 시각을 미리 갖추는 일임을 알아야 한다. 이를 위해서는 본격적인 입시에 들어가기 전에 다양한 관련 분야에 대해 관심을 갖고 공부하는 것도 중요하다. 특히 앞으로는 인공지능을 활용한 진료와 수술의 폭이 넓어질 것이기 때문에 IT 관련 지식과 경험은 아무리 많아도 모자라지 않다.

2) 좋은 생활 습관 기르기

아무도 아픈 사람에게 내 몸을 맡기고 싶어 하지 않을 것이다. 의사가 건강하지 않으면 그 의사는 환자에게 신뢰를 주지 못할 뿐더러 자기 자신도 건사하지 못하는 사람이 되고 만다. 그래서 만약 내 꿈을 의사로 정했다면 그때부터 내 건강을 챙기는 것, 좋은 생활 습관을 갖는 것에도 신경을 써야 한다.

의사는 기술과 지식도 중요하지만 무엇보다 체력이 좋아야 한다. 일단 많은 학습량을 견뎌낼 수 있어야 할 뿐 아니라 수시로 들어오는 환자를 그때마다 최선의 상태에서 진찰하고 수술해야 하기 때문에 자신의 건강과 체력에 소홀하다 보면 의사 생활을 오래 할 수가 없다.

게다가 의사가 되기까지 10여 년이 넘는 시간을 이겨내야 하기 때문에 어렸을 때부터 축적되어 온 체력이 없다면 끝까지 버텨내기가 어렵다. 때문에 꾸준한 운동과 바른 식습관, 생활 속에서 건강을 해치지 않도록 꾸준히 관리해야 나중에 몸이 힘들어 공부와 일을 포기하는 일이 없게 된다. 체력이란 하루아침에 만들어지는 것이 아니라 오랜 시간에 걸쳐 꾸준히 쌓여오는 것이기 때문에 공부를 하면서도 중간 중간 기초체력을 쌓아야 한다.

덧붙여 의사는 생명을 다루는 직업이다. 때문에 인격적으로도 생명을 존중하고 귀하게 여기는 마음을 갖춰야 한다. 작은 생명부터 소중하게 생각하고 대하며 생활하는 습관은 시간이 지날수록 견고해지면서 인격이 된다. 성격과 성향은 체력처럼 하루아침에 만들어지는 것이 아니다. 때문에 의사가 되겠다고 마음먹었다면 정말 '의사다운 의사'가 될 수 있도록 마음도 함께 가꾸어나가야 한다.

미래 의사는
어떤 모습일까?

　지금도 로봇을 이용한 수술이나 원격으로 진료, 치료하는 일이 조금씩 실행되고 있지만 앞으로 미래에는 이 부분이 더 강화될 것이다. 아마 한 의사가 여러 개의 모니터를 앞에 두고 다양한 로봇을 사용해서 한 번에 여러 환자를 수술하는 일도 가능할지 모른다. 환경 오염이 심해지고 인간이 미처 파악하지 못한 변이 바이러스가 계속 출몰하고 있기 때문에 새로운 질병과 증상에 대처하기 위한 연구도 지속적으로 이루어질 것이다. 그러므로 미래의 의사는 끝없이 연구하고 새로운 기술을 받아들이는 도전적인 직업이 되지 않을까?

가르치고 연구하는 의사

실전에서 환자를 치료하는 의사도 중요하지만 그에 못지않게 의사를 가르치는 의사, 병을 연구하고 치료제를 개발하는 의사도 중요하다. 연구하는 의사를 '기초의사'라고 하는데 질병의 종류가 다양해지고 미처 발견하지 못한 바이러스가 수시로 발생하는 지금, 이에 대응하기 위한 약제 및 치료 방법을 연구하는 기초의사가 중요해졌다. 현재 학교에 따라서는 이러한 기초의사를 많이 양성하기 위해 레지던트 과정까지 끝내고 다시 학위를 밟으며 풍부하게 실무를 경험하고 연구로 돌아오도록 하는 과정을 별도로 만드는 곳도 있다. 그만큼 실무 경험을 바탕으로 한 기초의사 양성에 노력을 기울이는 것이다.

아직까지는 기초의사의 입지가 그다지 높지는 않다. 일반 임상의사보다 수입도 낮을뿐더러 연구하는 분야가 성공한다는 보장도 없고 사회적인 인식도 낮다. 하지만 기초의사가 없다면 인류는 새로운 질병에 대응할 수 있는 방법이 없다. 대응을 한다 하더라도 이미 질병이 퍼진 후에 부랴부랴 대응할 수밖에 없기 때문에 선제적으로 질병을 연구하고 찾는 의사의 역할이 절실하다.

때문에 기초의사는 사명감과 책임감을 가지고 미지의 질병을 찾는다는 생각으로 도전해야 하는 분야이다. 앞으로 더 많은 의사가 질병의 선제 대응을 위한 기초의사로서 다양한 예방책을 내놓아야 유해한 바이러스나 균이 출현했을 때 유연하게 대처할 수 있을 것이다.

로봇으로 수술하는 의사

우리나라 의료계에서 로봇 수술이 현장에 도입된 것은 이제 10년이 조금 더 되었다. 하지만 짧은 시간에 비해 우리나라는 로봇 수술 분야에서 세계적인 기술을 획득했다는 평가를 받고 있다. 특히 직장암, 위암, 갑상선암 등의 암수술과 산부인과 분야에서 괄목할 만한 성과를 내고 있다. 이는 현장에 있는 의사들이 꾸준히 수술법을 개발하고 표준화시켜 전파한 결과이다.

한 학술자료에 의하면 로봇 수술을 시행한 의사가 80회 정도 수술을 한 후에야 비로소 일정한 수준에 도달한다. 그런 다음 그 의사의 제자는 40번, 또 제자의 제자는 20번 만에 비슷한 수준에 도달한다고 한다. 이는 선배 의사의 경험을 표준화해서 제대로 교육하는 것이 얼마나 중요한가를 말해준다. 우리나라의 로봇 수술은 이러한 시스템이 잘 되어 있는 편이며 특히 기술적인 부분도 빠르게 발전하고 있어 그 전망이 좋다.

최근 미국에서는 사람의 지시를 받지 않고도 스스로 수

술을 할 수 있는 '자율 수술로봇'이 나와 동물 실험에 성공을 했다는 발표도 나온 만큼 앞으로 로봇을 활용한 수술, 혹은 로봇에게 지시를 내리는 의사는 미래 전망이 높은 편이다.

로봇 수술의 경우 환자 입장에서는 정확하면서도 절개 부위를 최소화할 수 있는 장점이 있다. 의사 입장에서는 피로를 덜고 수술 시간을 단축할 수 있기 때문에 기술의 발전이 계속 뒷받침 된다면 앞으로 더욱 발전할 분야이다.

더불어 의사 경험을 가진 수술 로봇 개발자 역시 미래에는 꼭 필요한 사람이다. 현재는 로봇을 개발하는 회사와 그 로봇이 활용되는 분야의 의사가 협업해서 개발을 하는 방식으로 수술 로봇이 만들어지고 있다. 수술을 직접 하는 의사와 로봇의 오차를 줄이는 것이 수술 로봇에 있어 가장 중요한 요소이기 때문이다. 최종적으로는 의사로서 로봇을 만들 수 있는 '의사로봇과학자'가 나오는 것이 융합의 가장 좋은 결과라고 볼 수 있겠다.

원격의료전문의

아직 우리나라는 온라인 의료가 완벽하게 이루어진 상태는 아니다. 최근 코로나 19로 인해 온라인 의료(혹은 원격의료)가 본격적으로 대두되었다.

이전에는 의사가 가기 힘든 의료취약지에 있는 사람들을 대상으로 이루어졌지만 미래에는 차츰 바쁘거나 가벼운 질환에 대한 처방이 필요한 사람, 집 밖으로 나오기가 어려운 사람 등 그 범위가 확대될 가능성이 높다.

현재 비대면으로 진료하는 원격 의료는 재택만성질환자로 제한하고 있다. 환자에게 미리 지급한 혈압계, 혈당계, 신체 활동을 기록하는 각종 밴드와 워치 등을 활용해서 환자 상태를 파악하고 화상으로 진단한 후 처방을 내리는 방식이다.

이 경우 방문간호사 등의 인력이 환자에게 약을 전달하고 주사를 놓아주거나 근접한 보건기관에서 환자를 돌보는 역할을 의사 대신해주어야 한다.

코로나 19로 인해 본격적인 논의가 되고 있는 것이 사실이기는 하지만 원격 의료는 이미 1900년대부터 오랜 역사를 가지고 있다. 1959년의 네브래스카 대학의 임상의들이 캠퍼스 전체에 의료 정보를 전송하기 위해 양방향 텔레비전을 통해 의료 정보를 주고받은 것이 그 시작이라고 본다. 미국의 경우 텔레닥이라는 기업이 전화나 화상을 통해 24시간 의사에게 접근 가능한 의료 서비스를 제공하고 있으며 땅이 넓고 의료 기반이 고르지 않은 중국의 경우는 정부에서 오히려 원격 의료 시장을 적극 지원하고 있다.

원격 의료는 빠르게 의료진에게 접근할 수 있다는 장점과 시공간 제약이 적다는 장점 외에 내 건강에 대한 데이터가 꾸준히 쌓여 빠르게 정보를 주고받을 수 있다는 장점이 있다. 반면에 직접 만나서 진료를 하는 것이 아니기 때문에 정확도가 떨어진다는 치명적인 단점이 있다. 이를 보완할 다양한 기술의 발전이 반드시 병행되어야 하는 분야이다. 아마도 미래에는 각 가정에 마련된 실시간 생체 정보 측정 도구들을 활용, 병원이 아닌 이들 분석 자료로 1차적인 진단과 처방만 내리는 온라인 의사가 주치의처럼 존재할지도 모른다.

텔레프레즌스 의사

텔레프레즌스 의사는 아직 개념만 도입되어 있을 뿐 현실화되어 있지는 않다. 몇몇 공상과학 영화 속에서는 그 모습을 찾아볼 수 있지만 아직 현실에서는 볼 수 없다. 하지만 비대면 진료가 점점 많아지고 로봇 및 영상 기술이 더 발전하면 머지않아 텔레프레즌스 의사를 볼 수 있게 될 것이다.

텔레프레즌스(Telepresence)는 '멀다'라는 의미를 가진 'Tele'와 '존재'라는 의미의 'Presence'가 합쳐진 단어이다. 즉 거리상으로는 멀리 떨어져 있어도 일단 거기 있기는 하다는 뜻이다. 텔레프레즌스에서는 영상통화나 화상회의, 더 나아가 홀로그래피로 구현한 인물과의 대화까지도 가능해진다.

즉, 의사가 디지털 사이니지(디지털 정보 디스플레이)가 탑재된 로봇을 통해서 환자를 만나고 실시간으로 진료를 할 수 있게 되는 것이다. 로봇을 통해 환자의 생체 데이터를 수집하고 환자와 직접 소통도 가능해지는 데다가 만약 로봇 안에 기본적인 약재나 주사가 탑재되어 있다면 처방에 따라 즉각적인 응급처치까지도 가능하다.

이 경우 조난을 당했지만 사람이 직접 구하러 가기가 어려운 곳, 혹은 산간 오지 등에 로봇을 보내 환자를 볼 수도 있고 한꺼번에 많은 환자가 발생해서 역학 조사 등을 시행해야 할 때 충분히 활용이 가능하다.

또한 의사 교육에서도 텔레프레즌스를 기반으로 한 VR 기술을 통해 다양한 실습이 가능해지기 때문에 좀 더 효과적으로 어려운 수술, 실습 등을 진행할 수 있다. 이를 통해 숙련된 의사를 만들어내게 된다.

나노의사

'나노(nano)'는 말은 고대 그리스어로 난쟁이를 뜻하는 'nanos'에서 유래된 말이다. 그만큼 작다는 것을 의미하는

데 1나노미터가 머리카락 굵기의 1/100,000이라고 하니 우리 눈에 보이지도 않을 크기라고 볼 수 있다.

나노의사는 이렇게 작은 나노 입자를 이용해서 수술하는 의사를 말한다. 보통 수술은 메스(수술에 쓰는 칼)로 그 부위를 열어서 나쁜 세포를 떼어낸 후 다시 봉합하는 과정을 말한다. 나노 입자를 이용한 수술은 좀 다르게 진행된다. 자석 나노 입자에 특수한 단백질을 붙인 다음 암세포 등 떼어 내야 하는 세포에 붙인다. 그러면 자석 나노 입자에 부착된 단백질이 암세포에 엉겨 붙게 되는데 이때 자석을 그 부위에 갖다 대면 자석 나노 입자들이 자석 쪽으로 모이게 된다. 이렇게 모이면서 엉겨 붙은 암세포를 함께 끌어당기게 되는 것이다.

특히 뇌의 경우 조금만 잘못 건드려도 전신 마비가 오거나 신체의 일정 부분을 못 쓰게 될 만큼 후유증이 큰 장기인데 이 나노 기술을 사용하면 오차를 최소화하면서 수술하는 것이 가능해진다. 특히 가느다란 혈관처럼 너무 미세해서 손댈 수 없는 곳에 있는 병이나 모세혈관이 찢어졌을 경우에도 나노 기술을 활용하면 치료가 가능하다.

나노의사는 이러한 기술을 이용해서 미세한 수술을 할 수 있는 전문의다. 의학적인 지식은 물론 수술에 필요한 기계를 다룰 줄 알아야 한다.

하지만 현재까지 나노 기술을 전문적으로 다루는 의사는 없다. 나노 기술을 도입한 일부 기계를 활용해서 로봇 수술을 하거나 환자 상태를 파악하는 정도는 해도 본격적으로 나노 기술을 전문적으로 활용하는 의사는 아직 배출되지 않았다.

미래 의학에서는 아마 나노 기술을 전문으로 활용하는 '나노의사'를 따로 양성하게 될 것이다. 나노 기술이 발전하게 되면 지금처럼 메스를 들고 피부를 절개하는 수술은 사라지게 될 가능성이 높다. 그리고 각 대학이나 대학원에서 별도로 나노의사를 양성하는 학과가 만들어지거나 나노 기계를 별도로 다루는 학문을 배워야 할 수도 있다. 나노의학과, 나노의사는 지금은 없지만 반드시 미래의 의료계에서는 다양한 분야에서 활약하게 될 진정한 미래 직업이다.

실버 세대를 위한 관리 의사

1) 노화전문의사

원래 노화는 자연적인 현상이다. 하지만 사람의 기대수명이 늘어나면서부터 노화 자체를 질병으로 보는 시각이 있다. 이에 노화 현상을 전문으로 하는 의사들이 조금씩 나오는 추세다.

물론 지금은 일반 가정의학과 등에서 노화 예방을 위한

생활 습관을 바꾸는 제안을 하거나 약물, 주사를 통해 노화 현상을 늦추는 등의 소극적인 응대를 하는 정도이지만 차츰 기술과 의약품이 발달하게 되면 좀 더 다양한 분야에서 이뤄질 것이라는 전망이다.

특히 뇌의 노화에 대한 연구는 아직 시작단계에 불과해서 이 영역이 발전하게 되면 여전히 발병 원인, 진행 상태, 치료 방법이 모호한 치매나 파킨슨 같은 질병도 예방과 치료를 할 수 있게 될 것이다.

향후 노화전문의사는 다양한 의료적 소견과 의료 체계를 기반으로 개인의 운동과 생활 방식을 제안하고 영양 상태에 맞춘 식단을 짜 주는 역할을 하게 될 것이다. 또한 뇌 운동을 통해 노화를 늦추는 다양한 방법을 수행하며 아프지 않고 천천히 늙도록 생활 환경을 관리해주는 사람으로 자리 잡게 될 가능성이 높다.

노화전문의사가 되기 위해서는 전반적인 의학 공부는 물론 환자를 돌보고 영양학적 조언까지 해줄 수 있는 영양학, 운동 처방을 해 줄 수 있는 물리치료학까지 아우른 공부가 필요하다. 즉 건강에 관한 모든 것을 종합적으로 관리해주는 매니저의 역할을 노화전문의사가 하게 되는 것이다.

2) 유전자연구의사

질병 치료는 대부분 발생 후에 대처하는 형식이다. 하지만 의학 분야가 더 세분화되고 각종 기술이 발전하면서 점점 예측 의학의 시대가 오고 있다. 유전자연구의사는 이러한 흐름에 맞추어 생긴 새로운 직업이다.

같은 질병이라 하더라도 개인이 가지고 태어난 유전자에 따라 어떤 영양제를 더 보강해야 하고 어떤 치료법이 적절한지를 예측하여 적용한다. 더 나아가 어떤 질병에 걸릴 가능성이 높은지도 미리 유전자적으로 파악하는 것이다.

이미 우리나라는 2016년 이후 DTC유전자 검사를 허용했기 때문에 일반인들도 쉽게 유전자 검사를 받을 수 있다.

아마 앞으로는 빠른 유전자 검사를 통해 내가 유전적으로 발병률이 높은 질병을 미리 파악하고 이를 예방하는 생활 방식과 검사를 제안하는 유전자전문의사가 임상의사만큼이나 늘어날 것이다. 치료와 수술 전에 질병을 예측하고 예방하는 분야는 의료 시대에 가장 필요한 의료 영역이다.

의료인을 돕는
미래 유망 직업

　의료 수준이 아무리 발전해도 전염병으로 환자 수가 급속도로 늘어 환자 수를 의료진 수가 따라가지 못하는 경우, 노화 인구가 젊은 인구수보다 빠르게 증가하는 경우 등에서는 분명 의료인만으로 해결하지 못하는 의료의 사각지대가 발생하게 된다.

　점차 노인 인구가 늘면서 노화에 따른 질병이 더 많아지는 추세지만 돌볼 수 있는 공간적, 인력적인 여유는 점점 줄어들고 있어서 의료인 옆에서 환자의 편의를 돕는 직업인이 더욱 필요하다. 특히 가정간호에 대한 수요가 높아지면서 각 가정으로 파견, 환자의 삶의 질을 높여줄 수 있는 서비스는 성장 가능성이 충분히 큰 시장이다.

요양보호사

요양보호사는 의료적 행위는 할 수 없지만 환자나 노화로 인한 질환으로 스스로 거동이 불편한 사람들의 생활 전반을 돕는 사람들이다.

국가자격증을 획득한 후 활동할 수 있으며 센터에 소속되어 파견을 나가거나 요양병원, 종합병원 등에서 시간제 근무로 일하는 경우가 많다.

주사를 놓거나 산소 줄을 연결하는 것, 소변 줄을 넣고 빼는 등의 의료 행위는 안 되지만 필요에 따라 흡입기 등으로 콧물이나 가래를 뽑는 건 할 수 있다. 요양보호사의 가장 중요한 역할은 환자 상태를 면밀히 관찰하고 살피는 것이다. 오래 누워 있으면서 생길 수 있는 불편한 점을 파악하고 혹시 의료진의 진료가 필요한 현상이 나타나면 바로 알리면서 최대한 환자의 편의를 봐주며 돕는 것이 요양보호사가 할 일이다.

별다른 의료적 배경 없이도 나라가 정한 교육기관에서 교육을 이수한 후 실습과 시험을 거쳐 자격증을 획득하면 바로 일할 수 있다.

방문간호사

방문간호사는 가정전문간호사라고도 한다. 가정에서 질

병이나 노환으로 인해 움직이기가 어려운 환자를 병원에서처럼 치료와 간호를 받을 수 있게 도와주는 역할을 한다.

보통 입원이 어렵거나 병원 가기를 두려워하는 환자들이 방문간호사의 도움을 받는다.

가정전문간호사는 해당 분야에서 3년 이상의 실무경력을 가진 간호사가 대학원의 전문간호사 과정 등의 교육과정을 이수한 후 자격시험에 합격해야 자격이 주어진다. 보통 교육과정은 2년이며 자격시험에 합격한 후에도 의료적 처방은 의사만이 할 수 있다.

가정전문간호사는 기본 간호 업무와 단순 상처 치료, 염증 처치, 봉합사 제거 및 비위관 교환, 욕창 치료 등 의사의 처방이 필요 없는 치료적 간호 업무만 수행할 수 있다. 단 의사의 처방이 있을 경우 투약 및 주사 놓기를 할 수 있으며 환자의 건강 회복을 위한 식이요법, 운동 등을 알려줄 수 있다.

의료 코디네이터

의료 코디네이터는 정확하게 말하면 의료인은 아니다. 하지만 병원에 대한 소개나 각종 시술에 대한 기본 안내를 하고 환자에게 안락한 서비스를 제공해서 병원을 불편하게 느끼지 않도록 해준다는 점에서 의료인을 돕는 직업이라고 할 수 있다. 즉 의료 서비스 전문가이다.

　보통 개인병원이나 종합병원에서 전반적인 분위기 조성과 차별화된 서비스를 제공하거나 병원 홍보, 방법을 기획해서 하는 사람을 말한다. 전화, 이메일 등으로 기본 상담을 하거나 진료 예약과 환자 관리를 맡는다. 치료 전에 환자가 문진표를 작성하도록 하고 일차적으로 환자 상태를 확인한다. 치료가 끝난 환자에게는 치료에 대한 설명과 주의사항을 추가로 전달하거나 처방전을 안내한다.

　종합병원의 경우 간혹 간호사 출신의 의료 코디네이터가 바쁜 의사나 간호사를 대신해서 환자에게 수술 전후 상황을 상세하게 설명하거나 환자 상태를 살펴 의료진에게 전달하는 역할을 하기도 한다. 의료 코디네이터는 환자에게 질병뿐 아니라 이로 인한 생활의 불편에 대한 조언까지도 해줄 수 있는 반 의료, 반 서비스직의 성격을 띤다. 반면 대부분의 개인병원에 있는 의료 코디네이터는 병원 시스템과 환자 안내를 담당한다.

　별도로 의학적 교육을 받을 필요는 없고 사설 교육기관을 중심으로 전문 교육을 받으면 된다. 의료 코디네이터라는 직함 말고 상담코디네이터, 기획코디네이터, 리셉션코디네이터, 병원 컨설턴트라고도 한다.

의료 관광 코디네이터

다소 낯선 개념일 수도 있지만 의료 관광 코디네이터 역시 병원에서 볼 수 있는 의료 관련 직업 중 하나이다. 의료 코디네이터와 비슷할 수도 있지만 그보다 좀 더 전문적인 분야라고 할 수 있다. 외국인 환자에게 국내의 의료진을 연결시켜주고 환자와 그 가족들의 국내 체류 및 관광을 지원하는 전문직종이기 때문이다. 특히 외국인 환자와 우리나라 의료진 사이에서 의사소통을 하려면 반드시 외국어 능력과 의학 지식이 있어야 한다.

우리나라의 의료 기술이 좋아지면서 해외에서 치료를 위해 방문하는 환자들이 점점 늘어나고 있는 상황에서 의료 관광 코디네이터의 역할과 업무의 범위는 계속해서 넓어지는 추세이다.

의료 관광 코디네이터 중에서도 별도로 한국산업인력공단에서 실시하는 시험에 합격한 사람들은 '국제의료관광코디네이터'라고 한다. 국가기술자격증이며, 보건의료나 관광분야 관련 학과를 졸업하거나 2년제 혹은 3년제 전문대학 관련학과 졸업 후 보건의료 실무에서 1년 혹은 2년 이상 근무를 해야 시험을 볼 수 있다. 혹은 의사나 간호사로서 보건의료, 관광분야에서 4년 이상 실무 경력을 쌓은 사람이면 시험에 응시할 수 있다. 의료법 개정으로 국내 병원에서 외국인 환자를 받을 수 있게 되면서부터 수요가 계속 증가하고 있다. 일반적으로 간호사, 간호조무사, 보건교육사, 관광 관련 직업을 가진 사람들이 많이 도전한다.

보건교육사

보건교육사는 한국보건의료인국가시험원, 한국건강증진개발원에서 시행하는 보건교육사 시험에 합격해서 보건복지부장관의 면허를 따야 가능하다.

각종 산업체, 병의원, 요양시설 등에서 보건교육사로 일할 수 있고, 세계보건기구와 같은 국제기구에서 일할 수도 있다. 보통 보건교육기관, 각종 연구 기관 등에서 일하는 경우가 많다. 국민 보건 교육을 통해 질병을 예방하는 일을 한다.

위생사

위생사는 식품 위생, 환경 위생 등을 점검하고 관리하는 일을 한다.

보통 음식이나 물, 해충 등에서 기인하는 전염병 등이 발생할 수 있는 환경을 사전에 차단해서 큰 질병으로 퍼지지 않도록 예방하는 역할을 한다. 화학이나 생물에 대한 관심이 있어야 하며 전문대학이나 일반 대학의 보건 관련 학과를 졸업한 후 한국보건의료인국가시험원을 통해 전문 시험을 보고 국가자격증을 취득해야 한다.

기업이나 연구소에 취업하기도 하지만 공공기관에서 보건관리업무를 하는 경우가 많다. 또한 보건소에서 보건공무원으로 일할 수 있다.

의료관리자

의료관리자는 한국해양수산연수원에서 발급하는 국가전문자격증을 가진 전문 인력이다. 의료관리자가 되면 선박에 함께 탑승해서 선내 의료 관리를 할 수 있다. 일반적으로 5,000톤 이상인 선박에는 반드시 의료관리자가 필요하다. 의사처럼 치료, 처방, 수술을 할 수 있는 것은 아니지만 선내 작업환경위생을 관리하고 구급처치, 간호를 할 수 있으며 기본적인 의료 기구와 의약품을 다룰 수 있게 된다.

약사·의사·치과의사·한의사 면허 소지자, 응급구조사 자격증 소지자, 위생사 면허 소지자는 별도의 시험 없이 자격증을 받을 수 있다.

보건의료정보관리사

보건의료정보관리사는 예전에는 의무기록관리자라고 했다. 보통 환자의 진료 내용을 검토하고 분류하는 작업을 한다. 많은 기록이 전산화되어 있음에도 불구, 각종 기록과 통계 및 환자 상태에 따른 변화를 기록한 차트를 분류해서 관리하는 것은 여전히 보건의료정보관리사가 담당하는 일이다.

대부분 영상자료와 차트를 전산으로 처리하기 때문에 전산지식이 필수다. 수많은 통계자료를 살펴보고 분석하는 능력도 요구된다. 일정한 의학 지식도 갖춰야 업무를 원활하게 할 수 있는 것은 물론이다.

보건의료정보관리사가 되기 위해서는 전문대학이나 대학교에서 의무기록 관련 학과를 졸업하고 의무기록사 국가면허시험에 합격해야 한다. 단순 업무보다는 병원 내의 의료정보 분석, 제약회사 등에서의 경영 컨설팅을 담당하는 경우가 많다.

향후 인공지능을 활용한 개인 맞춤형 의료가 강화되면서 각 개인 정보가 담긴 의무기록사본, 의료 정보를 이용한 진료와 서비스의 범위는 더욱 커질 전망이다. 이에 이를 다루는 보건의료정보관리사의 역할도 확대되는 추세이다.

병원행정사

병원행정사는 의료보험사라고도 하며 민간자격증을 소유한 사람을 말한다. 병원에는 의사와 간호사뿐 아니라 경영을 담당하는 다양한 부서가 있다. 총무, 원무, 교육, 관리 등 병원 운영에 필요한 행정 업무를 담당하는 전문가를 '병원행정사'라고 한다. 병원행정을 가르치는 전문대 이상을 졸업하거나 대한병원행정관리자협회에서 실시하는 연수 과정을 수료해야 시험에 응시할 수 있다.

시험은 공중보건, 의료제도 및 해부병리와 의학용어, 재무, 법규까지 다양한 분야를 공부해야 볼 수 있고 국가자격증이 아닌 민간자격증이라는 점에서 보건의료정보관리사와 차별점이 있다. 보통 병·의원의 원무과에서 근무하게 된다.

미래 의사의 가상 일기

20○○년 ○○월 ○○일

알람 소리와 함께 기운차게 일어났다. 어제저녁 늦게까지 원격 진료를 하느라 평소보다 늦게 잤더니 살짝 피곤하지만 손목에 찬 생체 데이터 스캔 시스템에 의하면 모든 컨디션이 정상이다. 사실 새벽에 꼭 해야 하는 수술이 있어서 잠시 일어나 인공지능과 나노 로봇 세팅을 살펴보고 환자에게 적용시킨 후 다시 잠들었는데 아침에 일어나보니 환자의 수술이 완벽하게 마무리되었다는 보고서가 와 있다. 언젠가부터 직접 하는 수술보다 로봇으로 하는 수술이 훨씬 많아져서 신체적으로는 좀 덜 피로한데 그만큼 공부해야 할 것들이 늘어나고 있는 듯하다.

오늘 오전에는 새로운 나노 기술에 대한 세미나가 있다. 기존의 나노 기술보다 한층 더 발전해서 아예 작은 나노봇을 주입하면 사람의 몸을 알아서 돌아다니며 악성 세포를 먼저 찾아내 없애는 기술이라고 한다. 이 기술만 제대로 사용하면 나도 몰랐던 아주 미세한 암세포도 먼저 찾아내서 수술 없이 한 번에 없앨 수 있을 것이다. 이를 위해 전문 나노의사 세 분과 함께 기술과 활용법을 배우기로 했다.

오후에는 정말 오랜만에 직접 집도하는 수술이 하나 예정되어 있다. 환자분이 연세가 많으신데 도저히 로봇을 믿을 수 없다고 고집을 부리셔서 직접 수술을 하기로 했다. 수술 로봇이 정확도가 훨씬 높다고 아무리 설명을 해도 기계보다는 사람의 손을 빌리고 싶어 하는 환자도 있어서 수술 실력이 녹슬지 않게 이 역시도 계속 연마를 해야 한다.

언젠가 선배 의사 선생님이 "의사는 기술만 갖춰서는 안 되고 인술, 즉 사람의 마음까지도 다스리고 치료해야 진짜 의사다."라고 했던 말이 요즘 들어 더욱 와 닿는다. 대면 치료보다는 비대면 치료가 더 많아지고 의사가 직접 환자를 대하는 것보다는 인공지능이 초기 진료를 한 후 로봇이 수술하는 게 더 잦아졌지만 그래도 환자들은 의사를 만났을 때 비로소 안심한다. 매번 그걸 느끼면서 나는 정말 좋은 의사일까를 고민하는데 이번에도 역시, 연세가 많은 환자분이 너무 불안해하셔서 직접 수술을 하기로 했다. 의사는 환자의 편의를 가장 먼저 생각해야 한다. 그러니 환자가 원한다면 최선을 다해 거기에 맞춰 치료를 해주는 수밖에.

다행히 힘들거나 심각한 수술은 아니지만 그래도 흉터가 생길 수 있다고 했더니 환자분이 그건 전혀 상관없다고 하신다. 그래도 여름에 반팔을 입으면 혹시 보일 수도 있는 자리이니 수술 후 회복이 완료되면 레이저로 흉터를 좀 연하게 만들어드릴 수 있는 방법을 말씀드려야겠다. 요즘에는 레이저 치료도 사람 대신 로봇이 한다. 피부 상태와 상처의 깊이를 인공지능으로 진단해서 딱 알맞은 양의 레이저를 쏘기 때문에 사람이 할 때보다 부작용도 훨씬 적다.

준비를 마치고 집을 나서려는데 가정방문간호사 선생님이 급하게 연락을 해온다. 돌보고 있는 환자가 좀 이상하다며 생체 데이터를 보내줘서 확인했는데 어쩐지 심상치가 않다. 바로 인공지능을 통해 관련 기관에 동시에 연락을 해서 구급차를 부르고 생체 데이터를 바로 이송할 병원으로 보냈다.

얼마 지나지 않아 환자를 위한 수술실과 집도할 로봇 의사 세팅이 완료되었다는 연락이 왔다. 이 모든 것이 단 5분 만에 이뤄졌다. 예전에 비하면 상상도 못하게 빨라진 속도이다. 아마 이 환자도 골든타임을 넘기지 않고 치료를 받을 수 있어서 심각한 상황으로 가지 않고 곧 괜찮아질 것이다.

집에서 나와 병원으로 가는 도중, 오랫동안 진료를 받아온 환자에게 연락이 왔다. 연세가 80세가 넘으셨는데 일찍부터 노화 예방에 공을

들이셔서 신체 나이가 아직 40세 정도밖에 안 된 건강한 어르신이다. 간밤에 몸을 구부리고 주무셨는지 오전에 체크한 신체 데이터와 함께 몸 상태를 스캔한 사진을 보내주셨다. 스트레칭이 좀 필요한 듯해서 적절한 운동 처방이 담긴 영상과 함께 마침 떨어질 때가 다 된 비타민 D를 함께 처방해드렸다.

병원으로 가는 길, 원격 진료를 원하는 환자가 여섯 명이나 예약을 했다는 알람이 울린다. 일단 음성으로 처리할 수 있는 것은 처리하고 나머지는 병원에 도착해서 화상으로 진료하기로 했다. 생각 난 김에 정기 배송을 해야 하는 의약품도 환자에게 늦지 않게 갈 수 있도록 처리했다. 아마 자동으로 주문이 들어가서 드론으로 본인에게 배송이 완료될 때까지 반나절이 안 걸릴 것이다.

아침에 일어난 지 아직 두 시간도 채 되지 않았는데 벌써 스무 명이 넘는 환자를 진료했다. 기술이 발전할수록 볼 수 있는 환자 수는 늘어나고 나의 신체적, 정신적 피로감은 줄어서 행복하다. 물론 여전히 환자의 죽음 앞에서는 힘들고 때때로 한계가 느껴지지만 이를 극복하는 것도 의사의 숙명이라고 생각한다.

오늘은 퇴근 후에 해외에 봉사 나가 있는 후배와 함께 원격 로봇 수술을 진행하기로 했다. 의료 오지지만 수술 로봇을 기증한 후 한국에서도 원격으로 수술을 할 수 있어 많은 사람을 살릴 기회를 얻었다. 내가 수술을 한 번 시작하면 현지에서 수술을 보고 배우고자 하는 의사들이 수십

명 몰려와 참관을 하는데 그 역시도 보람된 일이다. 이렇게 멀리서도 의사들에게 노하우를 알려줄 수 있다는 게 감사하고 내 직업에 대해 보람이 느껴진다.